आर. गुप्ता® कृत

# साक्षात्कार
## सफलता के सूत्र

संकलनकर्ता
**रश्मि रंजन**

रमेश पब्लिशिंग हाउस, नई दिल्ली

*प्रकाशक*
ओ०पी० गुप्ता, **रमेश पब्लिशिंग हाउस**
*प्रशासनिक कार्यालय*
12-H, न्यू दरियागंज रोड, आफिसर्स मेस के सामने,
नई दिल्ली-110002 ① 23261567, 23275224, 23275124

E-mail: info@rameshpublishinghouse.com
Website: www.rameshpublishinghouse.com

**विक्रय केन्द्र**

● बालाजी मार्किट, नई सड़क, दिल्ली-6 ① 23253720, 23282525
● 4457, नई सड़क, दिल्ली-6, ① 23918938



**Book Code: R-1373**

**ISBN: 978-93-5012-071-2**

**3rd Edition: 1603**

कैरियर ही नहीं, जीवन का एक महत्त्वपूर्ण भाग है : साक्षात्कार। जीवन के लक्ष्य, कैरियर के प्रति अपनी इच्छा को पूरा करने की राह है : साक्षात्कार। स्कूली शिक्षा से नौकरी पाने तक और उसमें आगे बढ़ने के लिए हमें हर मोड़ पर साक्षात्कार का सामना करना पड़ता है। प्रतियोगिता के इस युग में साक्षात्कार की महत्ता अधिक बढ़ गई है और उपयोगी हो गयी है। सक्षम, योग्यतम और कुशलतम उम्मीदवार के चयन के लिए, सभी स्कूल, कॉलेजों, संस्थानों में नामांकन के लिए प्रायः सभी क्षेत्रों में साक्षात्कार का आयोजन किया जाता है। निजी कम्पनियों/संस्थानों और सरकारी संस्थानों में छोटे–से बड़े सभी पदों पर उम्मीदवार के चयन के लिए लिखित परीक्षा में सफलता प्राप्त करने के पश्चात् साक्षात्कार परीक्षा का आयोजन किया जाता है।

हम सभी अपनी शैक्षिक एवं तकनीकी योग्यताओं के साथ–साथ अपने सभी आंतरिक और बाह्य गुणों का उपयोग साक्षात्कार में सफलता प्राप्त करने के लिए करते हैं। आजकल साक्षात्कार परीक्षा में उम्मीदवार के सभी गुणों का मूल्यांकन साक्षात्कार के विभिन्न चरणों में किया जाता है। अतः प्रत्येक उम्मीदवार को साक्षात्कार के संबंध में पूरी जानकारी प्राप्त कर, अपनी योग्यता एवं नौकरी की माँग के अनुसार तैयारी करना आवश्यक होता है, ताकि वह साक्षात्कार का सफलतापूर्वक सामना कर सके।

व्यवहारिक और व्यवसायिक रूप से साक्षात्कार एक खरीदने और बेचने की प्रक्रिया है जिसमें साक्षात्कारकर्ता उम्मीदवार को खरीदता है और उम्मीदवार स्वयं को बेचता है। जीवनयापन के लिए नौकरी में साक्षात्कार का यह पहलू अत्यावश्यक होता है, जिससे उम्मीदवार स्वयं की योग्यता एवं क्षमता को अधिक से अधिक कीमत में बेच सके, और अपने व्यक्तित्व, अनुभव, मेधा, शैक्षिक एवं तकनीकी योग्यताओं का पूर्ण उपयोग कर संतुष्ट हो सके।

इस पुस्तक में, हमने साक्षात्कार के लिए आवश्यक सभी आयामों एवं पहलुओं के साथ उसके सभी आकार–प्रकार का विवरण देने का प्रयास किया है। साक्षात्कार के कुछ नमूने भी संग्रह रूप में दिए गए हैं, जिससे उम्मीदवार को अपनी तैयारी में लाभ मिल सके।

आशा है, नौकरी के लिए प्रयासरत उम्मीदवार इस पुस्तक से लाभान्वित होंगे। हमारे सभी पाठकों को अशेष शुभकामनाएँ!

–लेखिका

वार्तालाप; शौक एवं रूचि; पहनावा; योग्यता; सामान्य एवं सहज ज्ञान; स्मरण शक्ति; सही अभिव्यक्ति; आत्मविश्वास; सकारात्मक सोच; निर्णयात्मक क्षमता; प्रश्नोत्तर सत्र।



1. बैंक क्लर्क 2. बैंक पी.ओ. 3. बैंक पी.ओ.
4. इन्कम टैक्स इंस्पेक्टर 5. आयकर निरीक्षक
6. सिविल सर्विस परीक्षा 7. सिविल सर्विस परीक्षा
8. प्रशासनिक अधिकारी 9. भारतीय आर्थिक सेवा
10. रेलवे कल्याण अधिकारी 11. रेलवे अधिकारी
12. पुलिस विभाग में अधिकारी 13. हिन्दी अधिकारी
14. न्यायिक अधिकारी 15. शिक्षा अधिकारी।

# साक्षात्कार : सफलता के सूत्र

# साक्षात्कार : परिचय एवं अवस्थाएँ

सामान्यतया साक्षात्कार का अर्थ होता है, दो या दो से अधिक लोगों के बीच मौखिक परीक्षण विधि, जिसके द्वारा साक्षात्कारकर्त्ता, साक्षात्कार देने वाले व्यक्ति के व्यक्तित्व, ज्ञान, बुद्धि आदि का प्रत्यक्ष रूप से परीक्षण करता है। साक्षात्कार का प्रमुख उद्देश्य होता है, उम्मीदवार की योग्यता और क्षमता की जाँच करना। साक्षात्कार में सवालों के द्वारा साक्षात्कारकर्त्ता, उम्मीदवार की योग्यता, बौद्धिक क्षमता, विचारों की अभिव्यक्ति की क्षमता, जानकारियों एवं उससे सम्बंधित तथ्यों व विचारों को व्यक्त करने की कला एवं तकनीकी ज्ञान—क्षमता को जाँचने का प्रयत्न करता है। अतः हम एक वाक्य में कह सकते हैं कि साक्षात्कार, व्यक्ति विशेष के समग्र व्यक्तित्व को, उपयुक्त नौकरी एवं संघटन के लिए मापने का पैमाना है।

साक्षात्कार का महत्वपूर्ण अंग होता है—व्यक्ति / उम्मीदवार एक व्यक्ति / उम्मीदवार का विशेष लोगों के बीच, विशेष परिस्थिति में अपने बारे में बोलना, अपने बारे में बताना बहुत आसान नहीं होता। उस व्यक्ति / उम्मीदवार का अपनी रुचि, अपनी दृष्टि, अपने विचार, अपनी उपलब्धियों आदि को सुरुचि, ज्ञानवर्धक एवं उपयोगी रूप में, स्पष्ट रूप से सबके सामने रखना अत्यंत महत्वपूर्ण एवं कठिन होता है।

हम कह सकते हैं कि व्यक्ति—विशेष के लिए 'साक्षात्कार' एक आयोजन की तरह होता है, जो शुरू से अंत तक उसके ही इर्द—गिर्द होता है।

## नौकरी साक्षात्कार (Job Interview)

साधारण रूप से किसी व्यक्ति विशेष या उम्मीदवार का पूर्णरूपेण मूल्यांकन कर नौकरी पर रखने की एक निर्णय—प्रक्रिया है। उम्मीदवारों की कार्यक्षमता के मूल्यांकन का सबसे सही तरीका है नौकरी—साक्षात्कार, जिससे यह पता लगाया जाता है कि व्यक्ति—विशेष कारपोरेट जगत की संस्कृति और नौकरी की माँग को पूरी तरह से कार्यान्वित करने की क्षमता रखता है। साक्षात्कार के दौरान हुई बातचीत और

प्रश्नोत्तर से उम्मीदवार की सकारात्मक और नकारात्मक सोच, उसके कार्य–व्यवहार का पता अच्छी तरह लगाया जा सकता है। अतः साक्षात्कार किसी नौकरी के लिए चुनाव–प्रक्रिया की अंतिम अवस्था होती है, जहाँ उम्मीदवार साक्षात्कारकर्त्ता के आमने–सामने सीधी बात करते हैं।

भारत का इतिहास साक्षी है कि योग्यतम व्यक्तियों की खोज के लिए प्रतियोगिता परीक्षाओं का आयोजन हुआ करता था, जिसमें लिखित एवं मौखिक/प्रायोगिक परीक्षाएँ होती थीं। लिखित एवं मौखिक परीक्षा के लिए अलग–अलग अंक निर्धारित थे। दोनों में प्राप्त अंकों के आधार पर योग्यता सूची बनाई जाती थी। कुछ थोड़े–बहुत नियम–परिवर्तन के बावजूद भी योग्यतम उम्मीदवार के चयन की प्रक्रिया देश की आजादी के बाद भी वही रही। लिखित परीक्षा के बाद साक्षात्कार का स्थान चयन प्रक्रिया के लिए महत्वपूर्ण रहा। प्रतिस्पर्धा और प्रतियोगिता के आज के समय में साक्षात्कार और व्यक्तित्व परीक्षण का महत्व इतना अधिक है कि स्कूल, कॉलेज, शैक्षणिक संस्थानों में नामांकन से नौकरी तक के लिए साक्षात्कार महत्वपूर्ण रूप से आयोजित किए जाते हैं।

साक्षात्कार की पूरी चयन–प्रक्रिया को चार अवस्थाओं में बाँटा जा सकता है

**प्रथम अवस्था** जब उम्मीदवार, साक्षात्कार हॉल में प्रवेश करते हैं, तो साक्षात्कारकर्त्ता का अभिवादन करते हैं। साक्षात्कारकर्त्ता उनका अभिवादन स्वीकार करते हैं और उन्हें बैठने को कहते हैं। इस प्रक्रिया में वे उम्मीदवार के हॉल में प्रवेश करने का, अभिवादन का तरीका देखते हैं, उसके चेहरे का हाव–भाव, बाहरी शारीरिक भाषा आदि को महसूस करते हैं। वास्तव में, साक्षात्कार की प्रथम अवस्था अत्यंत महत्वपूर्ण है, क्योंकि इसमें उम्मीदवार के पूरे व्यक्तित्व की प्रथम अभिव्यक्ति की छाप साक्षात्कारकर्त्ता के मन पर पड़ता है, और वे आगे की प्रक्रिया के लिए आगे बढ़ने का मन बनाते हैं।

**द्वितीय अवस्था** प्राथमिक उपयुक्तता, योग्यता एवं अभिव्यक्ति के तौर–तरीके के बाद, साक्षात्कारकर्त्ता, उम्मीदवार के आंतरिक पहलुओं को जानने की कोशिश करते हैं। वे उनकी रुचि, नौकरी/कार्य के प्रति अभिरुचि, कार्यशैली, संगठन में कार्य करने की क्षमता, जिम्मेदारियों को निभाने के कौशल के बारे में जानने की कोशिश करते हैं। वे उम्मीदवार की आदत स्वभाव के बारे में जानकर यह पता लगाने की कोशिश करते हैं कि किसी विशेष समस्या या काम के दबाव को सुलझाने के लिए वह क्या करता है, उसकी प्रतिक्रिया क्या होती है?

**तृतीय अवस्था** इस कठिन अवस्था में साक्षात्कारकर्त्ता, उम्मीदवार की उस क्षमता/सामर्थ्य को आँकने की कोशिश करता है कि वह संगठन/फर्म के लक्ष्य को प्राप्त करने, उसे ऊँचा उठाने के लिए किस प्रकार और क्या कर सकता है? उसे इसमें कितनी रुचि है? वे देखना चाहते हैं कि वह फर्म/कम्पनी के साथ कितनी अवधि के लिए जुड़ना चाहता है? वे मापना चाहते हैं कि उम्मीदवार अपनी कितनी क्षमता का उपयोग कम्पनी के लिए करना चाहता है? वह कम्पनी के लिए अत्यावश्यक संसाधन के रूप में नियुक्त किया जाता है, इसलिए प्रत्येक कोण से साक्षात्कारकर्त्ता उसे जाँचते और परखते हैं।

**चतुर्थ अवस्था** यह साक्षात्कार की अंतिम अवस्था होती है, जहाँ साक्षात्कारकर्त्ता, उम्मीदवार के साथ औपचारिकतापूर्ण विषयों पर चर्चा करते हैं और उम्मीदवार को प्रश्न पूछने का अवसर देते हैं, ताकि उसकी आन्तरिक अभिव्यक्ति को आँक सकें। यह वह अवस्था होती है जब संगठन के प्रति, काम और अपने उत्तरदायित्व के प्रति उम्मीदवार की इच्छा का पता, साक्षात्कारकर्त्ता लगाने की कोशिश करते हैं।

इस प्रकार साक्षात्कार वह प्रक्रिया है, जिसके द्वारा साक्षात्कारकर्त्ता उम्मीदवार के आंतरिक व वास्तविक व्यक्तित्व को उभार कर बाहर लाने की कोशिश करते है वस्तुतः उम्मीदवार की बाहरी और आंतरिक अभिव्यक्ति को बाहर लाने का प्रयत्न करते हैं। साक्षात्कार में 'व्यक्ति' महत्वपूर्ण होता है और अन्य सभी द्वितीयक होती हैं। 'व्यक्ति' को अपने बारे में बताना आसान नहीं होता है, लेकिन उसे सबके सामने अपनी आंतरिक शक्ति को, कार्य करने की क्षमता को, शब्दों में उजागर और व्यक्त करना पड़ता है। साक्षात्कार में व्यक्ति को स्पष्ट रूप से अपनी रुचि, अपनी शक्ति, क्षमता, योग्यता, दृष्टि, सहयोग की भावना को इस प्रकार व्यक्त करना पड़ता है, ताकि आगे काम करने में उसकी ये चीजें उसकी सहायता करें, न कि परेशान करें। इस प्रकार साक्षात्कार 'एक व्यक्ति' का शुरू से अंत तक का उत्सव है, जिसे सिर्फ वही आयोजित कर सकता है।

✫ ✫ ✫

# 2

## साक्षात्कार से पूर्व

एक नौकरी साक्षात्कार एक उम्मीदवार के लिए अत्यधिक महत्वपूर्ण व चुनौतीपूर्ण स्थिति होती है, जहाँ विशेष रूप से उसकी बुद्धि के साथ–साथ पूर्ण व्यक्तित्व का अवलोकन एवं विश्लेषण किया जाता है, जिससे उम्मीदवार का पूरा कैरियर प्रभावित होता है। अतः यदि उम्मीदवार अपनी नौकरी के प्रति गंभीर है और वह साक्षात्कार में सफल होना चाहता है, तो उसे साक्षात्कार को भी पूरी गंभीरता से लेना चाहिए और पहले से उपयुक्त तैयारी करनी चाहिए। जिस पद के लिए उम्मीदवार साक्षात्कार में उपस्थित होता है, उसके अनुरूप आवश्यक ज्ञान, गुण और योग्यता विकसित कर साक्षात्कार में उपस्थित होना चाहिए। इसके लिए उम्मीदवार को

- अपनी ज्ञानदक्षता, अपने गुण–अवगुण का स्व–विश्लेषण करना चाहिए।

- पद के अनुरूप अपने तकनीकी गुणों का बखूबी अध्ययन करना चाहिए।

- पद के अनुरूप ऐसा अध्ययन करना चाहिए ताकि नौकरी में दिए जाने वाले कार्य को वह जिम्मेदारी पूर्ण निभा सके।

- उम्मीदवार को उस संघटन या कम्पनी विशेष के बारे में, उसके कार्यकलाप और उसकी विकासात्मक योजना के बारे में यथासंभव जानकारी रखनी चाहिए।

- साक्षात्कार का वास्तविक स्वरूप आमने–सामने (फेस–टू–फेस) होता है, जिसमें चयन समिति के सदस्य और उम्मीदवार के बीच विचारों का आदान–प्रदान व प्रश्नोत्तर सत्र होता है, इसलिए उम्मीदवार को पहले से ही चयन समिति के सदस्यों और चयन प्रक्रिया के विभिन्न चरणों के बारे में जानने की सफल कोशिश करनी चाहिए।

- उम्मीदवार को साक्षात्कारकर्त्ताओं के सामने अपनी योग्यता एवं उपयोगिता सिद्ध करनी होती है, अतः उसे साक्षात्कार के उद्देश्य, अपने जीवन के उद्देश्य के साथ ही साक्षात्कार की महत्ता को बखूबी समझना चाहिए।

● साक्षात्कार में उम्मीदवार के समूचे व्यक्तित्व और ज्ञान का आकलन किया जाता है, इसलिए उसे अपने वातावरण, अपने चारों तरफ के दैनंदिन समस्याओं समाधान, घटनाओं महत्वपूर्ण बातों की जानकारी रखनी चाहिए, साथ ही साक्षात्कार के लिए इन बातों की वैज्ञानिक एवं तथ्यगत रूप से तैयारी करनी चाहिए।

● अपने अंदर सकारात्मक सोच, आत्मविश्वास और संतुलन को बनाए रखना चाहिए, ताकि साक्षात्कार से पूर्व कोई भी ऐसी अभिव्यक्ति या प्रतिक्रिया न हो, जो उसके बेहतर भविष्य को नुकसान पहुँचा सके।

साक्षात्कार एक खरीदने और बेचने की प्रक्रिया है, हर उम्मीदवार जानता है, कि उसे स्वयं को साक्षात्कार में बेचना है और साक्षात्कारकर्त्ता जानता है कि उसे उक्त उम्मीदवार को खरीदना है। अतः उम्मीदवार को चाहिए कि वह जहाँ स्वयं को बेचने जा रहा है, उस जगह के बारे में पूरी जानकारी एकत्र कर ले। यह अच्छी तरह जाँच–परख ले कि वह जगह, वह काम (नौकरी) उसके लिए पूरी तरह उपयुक्त है या नहीं। जिस पद के लिए उम्मीदवार साक्षात्कार के लिए जा रहा है, उसकी आवश्यकताओं के अनुरूप जानकारी और ज्ञान एकत्र करना अनिवार्य होता है। पद के बारे में उपयुक्त जानकारी के बाद उम्मीदवार को उस संघटन या कम्पनी के बारे में यथासंभव पूर्ण जानकारी लेना आवश्यक होता है, क्योंकि उसे वहीं उसी वातावरण में उनके साथ कार्य करना होगा। आजकल सामान्यतः दो प्रकार के संगठन/संस्था होते हैं– बड़े और छोटे। उम्मीदवार अपनी क्षमता व योग्यता के अनुरूप बड़ी कम्पनी या छोटी कम्पनी को चुनता है।

बड़ी कम्पनी अपने कर्मचारियों को अपनी पहचान के अनुरूपतः सुरक्षा प्रदान करती है, लेकिन वहाँ हर एक कर्मचारी एक विशेष मशीनरी के पहिए की कमानी की तरह होता है, जो महत्वपूर्ण होकर भी महत्वपूर्ण नहीं होता है। छोटी कम्पनी अत्यंत सामान्य वातावरण में प्रत्येक कर्मचारी को अपना–अपना महत्व देती है, और उसके महत्व का मूल्यांकन भी करती है। बड़ी कम्पनियों में जहाँ आज कर्मचारियों को अनुभव प्राप्त करने की जगह नहीं मिलती है, वहीं छोटी कम्पनियों में इसका भरपूर फायदा होता है। कुछ मध्यम स्तर की कम्पनी हैं जहाँ इन दोनों का मिश्रित रूप मिलता है। बड़ी कम्पनियों की अपनी अलग पहचान बनी हुई होती है, अतः कर्मचारियों की भी छवि उसी से जुड़ी होती है। इसलिए अपनी योग्यता एवं क्षमता के अनुरूप उम्मीदवार को कम्पनी व संस्था के बारे में यथासंभव जानकारी अवश्य ले लेनी चाहिए; मसलन

- कम्पनी का बिजनेस क्या है
- कार्य (पद) की भूमिका और जिम्मेदारी क्या है
- कम्पनी उम्मीदवार से क्या चाहती है
- कम्पनी के बिजनेस डाटाबेस और कम्पनी के पिछले तीन वर्षों का कार्य और उपलब्धि क्या है
- आने वाले वर्षों में कम्पनी की प्लानिंग क्या हैं
- कम्पनी से जुड़े औद्योगिक समाचार (यदि उपलब्ध हों)
- कम्पनी के महत्वपूर्ण क्लाईंट कौन–कौन हैं
- कम्पनी के प्रतियोगी और सहयोगी कौन–कौन हैं

एक उम्मीदवार को उपर्युक्त सारे प्रश्नों के उत्तर जान लेने चाहिए। इसके लिए उन्हें

- कम्पनी की वेबसाइट
- सेल्स ब्रोसर्स
- वार्षिक रिपोर्ट
- ग्राहक न्यूजलेटर्स
- व्यापार पत्रिका या कम्पनी विशेष की पत्रिका
- कम्पनी के उत्पाद आदि का अध्ययन कर लेना चाहिए। इन सब तथ्यों की जानकारी से एक उम्मीदवार साक्षात्कार के समय स्वयं को अधिक सहज महसूस करता है।

## तैयारी

सामान्यतः, कोई व्यक्ति जिस दिन से अपने भविष्य व जीविका के बारे में सोचना शुरू करता है या अपने कैरियर की प्लानिंग (योजना) करने लगता है, उसी दिन से साक्षात्कार की अनौपचारिक तैयारी शुरू हो जाती है। कुछ समय पूर्व केवल नौकरी के लिए साक्षात्कार की प्रक्रिया होती थी, आज नर्सरी/प्राईमरी स्कूलों से लेकर उच्च–उच्चतर शिक्षा–संस्थानों में नामांकन हेतु लिखित एवं मौखिक परीक्षा का आयोजन किया जाता है। यह मौखिक परीक्षा ही तो साक्षात्कार है, जो भविष्य–निर्धारण के लिए प्रथम चरण होता है और किसी भी व्यक्ति/उम्मीदवार के लिए अत्यंत महत्त्वपूर्ण होता है। इसके लिए व्यक्ति कार्य–योजना या नीति बनाता है, कि हमें क्या पढ़ना है, हमें किस दिशा में आगे बढ़ना है, और उसके लिए हमें कैसे स्वयं को तैयार करना है? इसके लिए वह स्वयं की इच्छा, अभिभावक के सुझाव के साथ आगे बढ़ता है। आधुनिक युग में कैरियर प्लानिंग और भविष्य–निर्धारण में सहायता करने के लिए

स्कूलों/कालेजों एवं संस्थानों में परामर्शदाता (काउँसलर) नियुक्त किए जाते हैं, जो बच्चों/व्यक्तियों का सही दिशा–निर्देशन करते हैं, साथ ही उन्हें उनके द्वारा चुने गए रास्तों पर चलने के लिए मानसिक रूप से तैयार भी करते हैं।

अतः कोई भी व्यक्ति जब अपने भविष्य के प्रति सचेष्टता से अपने कैरियर/जीविका के लिए सोचता है, उसके लिए जो राह/दिशा चुनता है, उसे लक्ष्य मानकर स्वयं को सुनियोजित रूप से सक्रिय बनाता है, और उस लक्ष्य को प्राप्त करने के लिए विभिन्न प्रकार की तैयारी शुरू करता है। इसके लिए वह उस लक्ष्य विशेष के विषय में बहुपक्षीय एवं समग्र जानकारी एकत्रित करता है, उससे संबंधित आवश्यकताओं, योग्यताओं व अहत्ताओं को प्राप्त करने की कोशिश करता है। उससे संबंधित आयोजित परीक्षाओं में शामिल होता है। इतनी प्रक्रियाओं की तैयारी करके उसमें सफलता प्राप्त करके वह साक्षात्कार के पायदान पर पहुँचता है।

## बायोडाटा

सरकारी, अद्र्धसरकारी और गैर सरकारी संस्थानों उपक्रमों एवं निजी कम्पनियों/संगठनों के द्वारा रोजगार के अवसर/वैकेन्सीज प्रदान किए जाते हैं। इन अवसरों के लिए आवेदन करने हेतु आवेदन–पत्र (परफर्मा) साधारणतया प्रदान किए जाते हैं; किंतु निजी कंपनियों या कुछ संस्थानों द्वारा आवेदन पत्र (परफार्मा) उपलब्ध नहीं होते हैं। ऐसे में इन अवसरों/रोजगारों के लिए इच्छुक व्यक्ति को आवेदन–पत्र उन कम्पनियों/संस्थानों को स्वयं भेजना होता है, इसके लिए आवेदन–पत्र के साथ उम्मीदवार को अपना व्यक्तिगत विवरण (Personal Biodata/Resume) प्रेषित करना होता है।

बायोडाटा (जीवन वृत्त) या व्यक्ति का स्व–विवरण एक प्रकार का परिचय पत्र होता है, जिसमें उसके बारे में सभी जानकारियाँ उपलब्ध करायी जाती हैं—उसका नाम, जन्मस्थान, पारिवारिक पृष्ठभूमि, उसकी एकेडेमिक शिक्षा, प्रोफेशनल शिक्षा, तकनीकी ज्ञान एवं कार्य अनुभव सभी का संक्षिप्त विवरण उपलब्ध होता है, कहने का तात्पर्य उम्मीदवार/अभ्यर्थी का पूरा परिचय साफ–साफ द्रष्टव्य होता है। बायोडाटा को देखकर साक्षात्कारकर्त्ता, उम्मीदवार के पारिवारिक, वैचारिक एवं तकनीकी/शैक्षिक पृष्ठभूमि के बारे में जान जाते हैं। बायोडाटा के माध्यम से साक्षात्कारकर्त्ता, उम्मीदवार के बौद्धिक ज्ञान व अनुभव को लिखित रूप में जान लेते हैं और उसके आधार पर वे साक्षात्कार में उससे प्रश्नोत्तर करके उसके उस ज्ञान व अनुभव का मूल्यांकन करते हैं।

प्रतियोगिता एवं प्रतिस्पर्धा के इस आधुनिक युग में लगभग सभी कारपोरेट एवं सरकारी कार्यलयों द्वारा अपना–अपना बायोडाटा–फार्म, उम्मीदवार को दिया जाता है, जिसे साक्षात्कार से पूर्व पूरी तरह भरकर संबंधित पदाधिकारियों को देना होता है।

इस फार्म में उम्मीदवार का नाम और जन्म-स्थान, माता–पिता, भाई–बहन से लेकर उसके सभी शैक्षिक एवं कार्यगत शिक्षा व अनुभव का विवरण देना होता है। साथ ही इसमें कुछ सामान्य आई–क्यू (Intelligency questions) तथा कार्यक्षेत्र एवं नौकरी से जुड़े प्रश्न होते हैं, जिनका उत्तर उम्मीदवार को स्पष्ट रूप में देना होता है।

यह अत्यंत साधारण सी बात है कि समाज का एक बहुत बड़ा तबका मध्यमवर्गीय या निम्नमध्यमवर्गीय है, जहाँ हर व्यक्ति अपनी पढ़ाई के समय या पढ़ाई के बाद अपने खर्चे के लिए क्लर्क, कैशियर, एकाउंटेंट, टीचर या ट्यूटर के रूप में पार्ट–टाइम या फुल–टाइम (जॉब) नौकरी करता है। लेकिन जब किसी अच्छी नौकरी के लिए वह बायोडाटा तैयार करता है, तब अपने उस कार्य तथा कार्य–अनुभव का विवरण देने में संकोच करते हैं, यहाँ तक कि ज्यादातर लोग तो विवरण देते ही नहीं हैं। वे यह सोचते हैं कि कहीं उसका खराब असर न पड़े जबकि यह पूरी तरह गलत है। जीवन का हर कार्य, जीवनयापन और ईमानदार जीवन के लिए सम्माननीय होता है। यह कार्य–अनुभव व्यक्ति–विशेष के जीवन की सच्चाई, हर हाल में काम करने और जीने की कला व क्षमता को दर्शाता है। अतः उम्मीदवार को इसे छिपाना नहीं बल्कि पूरी ईमानदारी से उसका सही विवरण देना चाहिए। इससे उसका सही परिचय साक्षात्कारकर्त्ता को प्राप्त होता है। बायोडाटा बनाना भी एक कला है। यूँ तो हर व्यक्ति मनचाहा विवरण दे सकता है, परंतु नौकरी और अपने लक्ष्य के प्रति गंभीर व्यक्ति को सही ज्ञान, सही कार्य–अनुभव और सही शैक्षिक योग्यता का विवरण अपने बायोडाटा में देना चाहिए, जो उसके आत्मविश्वास का प्रतीक हो, और सफलता की संभावनाओं को बढ़ाए, घटाए नहीं। आज के आधुनिक युग में बायोडाटा अधिकतर कम्प्यूटर पर तैयार किए जाते हैं और उसका प्रिंट–आउट ले लिया जाता है। यह हस्तलिखित बायोडाटा की अपेक्षा अधिक स्पष्ट, साफ–सुथरी और आकर्षक ढंग से तैयार की जाती है। सामान्यतः बायोडाटा में कागज के ऊपर बाँयी तरफ उम्मीदवार का नाम, जन्म–तिथि, पूरा पता और टेलीफोन न. लिखा जाता है। इसके बाद अत्यंत संक्षिप्त शब्दों में उम्मीदवार की नौकरी के प्रति आकांक्षा और उत्तरदायित्व का विवरण होता है। इसके बाद सुव्यवस्थित ढंग से व्यक्ति की शैक्षिक योग्यता जिसे आजकल तीन महत्वपूर्ण भागों में बाँटा जाता है–एकेडेमिक, प्रोफेशनल और टेक्निकल, का विवरण दिया जाता है। एकेडेमिक योग्यता अधिकतर सारणी (टेबल) रूप में क्रमबद्ध दिखाया जाता है। व्यवसायिक (प्रोफेशनल) एवं तकनीकी (टेक्निकल) योग्यता को एकेडेमिक से अलग लिखा जाता है, ताकि साक्षात्कारकर्त्ता उसे स्पष्ट रूप से अलग देख सकें। इसके बाद उम्मीदवार के कार्य–अनुभव (यदि पहले किया हो तो) क्रम से वर्णित किया जाता है, जिसमें नौकरी का पद, उसकी भूमिका, उसका कार्यकाल सभी कुछ स्पष्ट रूप से लिखा जाता

है। आज–कल कम्पनी द्वारा दिए गए आवेदन फार्म में नौकरी छोड़ने का कारण वहाँ प्राप्त मासिक या वार्षिक वेतन/मानदेय का भी उल्लेख करना होता है। पिछली कम्पनी का पूरा पता, फोन न. सहित लिखना होता हैं कहीं–कहीं तो यह भी प्रश्न होता है कि आप इस कम्पनी में क्यों नौकरी करना चाहते हैं? यहाँ क्या खास है? हम आपको यह नौकरी क्यों प्रदान करें; आदि। इन प्रश्नों का खास मकसद होता है, उम्मीदवार की मानसिक स्थिति का पता लगाना कि वह कितना और क्या कर सकता है, कितना विश्वसनीय हो सकता है?

आधुनिक बायोडाटा में उम्मीदवार को अपनी रुचि, अभिरुचि का भी वर्णन करना होता है। अपनी सृजनात्मक क्षमता व योग्यता को बायोडाटा में जगह देने से उसका मूल्य अधिक हो जाता है; क्योंकि आज प्रत्येक कम्पनी या संगठन बहुआयामी व्यक्तित्व की खोज करता है।

बायोडाटा हमेशा सही तथ्यों के साथ तैयार करना चाहिए, क्योंकि अधिकतर साक्षात्कार में चयनकर्त्ता इसी को आधार बनाकर तकनीकी प्रश्न पूछते हैं। बायोडाटा में गलत तथ्यों के समायोजन से व्यक्ति उत्तर देने में घबड़ाता है और अपनी लिखी हुई बातों से अलग उत्तर देता है, जिससे गलत प्रभाव पड़ता है, और असफलता के लिए उम्मीदवार खुद जिम्मेदार होता है। आजकल कुछ उपक्रम या संस्थान बायोडाटा में कुछ रिफरेन्सेस भी माँगते हैं, जिससे उम्मीदवार के बारे में सही जानकारी ली जा सके। अतः अपने बायोडाटा में सही और उपयुक्त पद पर स्थापित या ऐसे लोगों का रिफरेंस देना चाहिए, जो आपके बारे में सही और जिम्मेदारी पूर्ण सूचना दे सके। सरकारी संस्थानों में आज हिन्दी भाषा के प्रयोग पर बल दिया जा रहा है, ऐसे संस्थानों में जानकारी के अनुरूप भाषा का प्रयोग करना चाहिए। बायोडाटा के अंत में सबसे नीचे दाँयी ओर उम्मीदवार को अपना हस्ताक्षर और आवेदन की तिथि लिखनी चाहिए।

कभी भी अपने पहले के या वर्त्तमान के कार्यों को छोटा या हीन समझकर उस अनुभव को बेकार नहीं बनाना चाहिए। हमेशा यह याद रखना चाहिए कि संघर्ष के बाद जब व्यक्ति कुछ बड़ा लक्ष्य प्राप्त करता है तो उसके पूर्व के कार्य–अनुभव को अनमोल समझा जाता है न कि निकृष्ट। अतः हमेशा साफगोई और सच्चाई के साथ सफलता की उम्मीद लिए बायोडाटा तैयार करना चाहिए। बायोडाटा उम्मीदवार के व्यक्तित्व का प्रतिबिम्ब होता है जो प्रोस्पेक्टिव संगठन पर व्यक्ति का प्रथम छाप (इम्प्रेशन) छोड़ता है। इसके सहारे कम्पनी या संस्था साक्षात्कार के लिए उम्मीदवारों का चयन करती है। इसलिए अत्यधिक सतर्कता और ईमानदारी से बायोडाटा तैयार करना उम्मीदवार के लिए साक्षात्कार में सफलता के लिए प्रथम कदम बढ़ाने की तरह होता है।

## बायोडाटा के कुछ सामान्य नमूने

- सरकारी संस्थानों या सामान्य संघटनों के लिए
- कारपोरेट या निजी कम्पनियों के लिए

---

### SAMPLE CURRICULUM VITAE : 1

---

**(a) Information Technology**

SANTHOSH B.
Sankar Reddy,
#5588, Konappa Nagar, Electronic City,
Bangalore-560100
Mobile No: 21-99999999
E-mail: ssss@ssssl.com

**OBJECTIVE**

Seeking a position to utilize my skills and abilities in the Information Technology Industry that offers Professional growth while being resourceful, innovative and flexible.

**EDUCATION:**

Maharaja Engineering College - May, 2006
B.TECH (Information Technology)
Percentage scored: 67%

Shri Ganga Higher Secondary School - Mar, 2002 Percentage scored: 88%

Govt Boys Higher Secondary School - Mar, 2000 Percentage scored: 68%

**TECHNICAL EXPERIENCE:**

- Languages: C, C, CORE JAVA, VB 6.0,UNIX shell scripts, HTML .
- Platforms: Windows xp/98/95,2000, NT, Red hat Linux (9.0, ES, WS)
- Concepts: networking, operating systems

**CERTIFICATIONS:**

- Red Hat Certified Engineer (RHCE)
-Enterprise Linux 4 # 1114006719821418

- Expertise in: Installing Red hat Linux configuring servers (DNS, FTP, NFS, NIS, SAMBA, APACHE, DHCP, MAIL), Trouble shooting, user permissions (LVM)
- Brain-bench certified Linux Assessment #T20110714001A

### PROJECT EXPERIENCE:

1. Final Semester Project as Part of the
B.TECH Curriculum. Project Name:
"Integrated Java Based Web server"
Description: The powerful web server that enhances java based applications and provides authentication.

### MINI PROJECTS:

1. Creating a Manual Dictionary in V.B. 6.
2. Deleting the files concurrently using shell scripts

### ELECTIVES TAKEN:

Linux Servers, Distributed systems

### OTHER ACTIVITIES & HOBBIES:

- Organizing various cultural & WON Prizes. ● Reading E-books ● Net surfing

### PERSONAL DETAILS:

Name: Santhosh B.
Age & DOB: 25 years, 21-06-1985
Sex: Male
Marital Status: Single
Nationality: Indian
Permanent Address: 18/120, Gurusamy Nagar,
V.L.Road, Peelamedu, Coimbatore-04
TamilNadu, India
Contact Number: 0111-11112027

Languages Known: English, Tamil

## Declaration

I hereby declare that the above written particulars are true to the best of my knowledge and belief.


(SANTHOSH  B.)


# SAMPLE CURRICULUM VITAE : 2

**(*b*) Academic**

### John  Smith

Street, City, State, Zip
Phone: 555-555-5555
Cell:  555-666-6666
email@email.com

**OBJECTIVE:**

Assistant Professor, Psychology


**EDUCATION:**

Ph.D., Psychology, University of Minnesota, 2006
Concentrations: Psychology, Community Psychology
Dissertation: A Study of Learning Disabled Children in a Low Income Community

M.A., Psychology, University at Albany, 2003
Concentrations: Psychology, Special Education
Thesis: Communication Skills of Learning Disabled Children

B.A, Psychology, California State University, Long Beach, CA, 2000


**EXPERIENCE:**

- Instructor, 2004-2006
University of Minnesota
Course: Psychology in the Classroom

- Teaching Assistant, 2002-2003
University at Albany
Courses: Special Education, Learning Disabilities

## RESEARCH SKILLS:

Extensive knowledge of SPSSX and SAS statistical programs.

## PRESENTATIONS:

Smith John (2006). The behavior of learning disabled adolescents in the classrooms. Paper presented at the Psychology Conference at the University of Minnesota.

## PUBLICATIONS:

Smith, John (2005). The behavior of learning disabled adolescents in the classroom. Journal of Educational Psychology, 120-125.

## GRANTS AND FELLOWSHIPS:

- RDB Grant (University of Minnesota Research Grant, 2005), $2000
- Workshop Grant (for ASPA meeting in New York, 2004), $1500

## AWARDS AND HONORS:

- Treldar Scholar, 2005 • Academic Excellent Award, 2003

## SKILLS AND QUALIFICATIONS:

- Microsoft Office, Internet
- Programming ability in C++ and PHP
- Fluent in German, French and Spanish

## REFERENCES:

Excellent references available upon request.

The resume and the application blank are the things that make the first impression in the prospective organisation. These things helps the employer for shortlisting the candidates for interview.

# ३

# साक्षात्कार का औचित्य एवं महत्व

आधुनिक युग में अभ्यर्थी/उम्मीदवार का किसी संस्था विशेष में नौकरी के लिए चयन के क्षेत्र में साक्षात्कार, सही मायने में लिखित परीक्षा प्रणाली की सहायक है। लिखित परीक्षा में विषय संबंधी ज्ञान और बुद्धि व प्रतिभा के जरिए व्यक्ति सफल हो जाता है, किंतु किसी भी व्यक्ति की उपयुक्तता व उपयोगिता का पता साक्षात्कार के माध्यम से ही लगाया जा सकता है। इसमें व्यक्तित्व परीक्षण (Personality test) एवं ज्ञान–विज्ञान परिवेश आदि के बारे में मौखिक परीक्षण (Oral test) लिया जाता है, जिससे व्यक्ति विशेष का बाह्य एवं आंतरिक दोनों गुण–अवगुण उभरकर सामने आते हैं। लिखित परीक्षा में एक भयभीत एवं व्यक्तित्वहीन अभ्यर्थी भी ज्ञान एवं जानकारी के आधार पर सफल हो जाता है, किंतु साक्षात्कार में आमने–सामने बैठकर परस्पर प्रश्नोत्तर किए जाते हैं, परस्पर विचारों के आदान–प्रदान किए जाते हैं, जिससे अभ्यर्थी के उठने–बैठने, हाव–भाव, बोलने की कला, उत्तर देने की कला व क्षमता आदि का पता चलता है। प्रश्नकर्त्ता द्वारा विभिन्न प्रकार से पूछे गए प्रश्नों से अभ्यर्थी की आन्तरिक योग्यता बाहर आती है। ध्यान दें, साक्षात्कारकर्त्ता की नीयत उम्मीदवार को भयभीत करने या उन्हें असफल साबित करने की नहीं होती है, बल्कि उनके संकोच एवं घबड़ाहट को समाप्त कर उपयुक्त जानकारी उनके अंदर से निकालने की कोशिश होती है। कम्पनी विशेष या संघटन विशेष के लिए सामने वाला व्यक्ति कितना उपयोगी हो सकता है इसका पता लगाने का यह प्रयास मात्र होता है।

बचपन से किशोरावस्था और उससे आगे के जीवन में, स्कूल से कॉलेज या उच्चतर संस्थानों में, समाज में, यानी जीवन के हर स्तर पर मनुष्य विभिन्न प्रकार की परिस्थितियों का सामना करता है, विभिन्न प्रतिकूल परिस्थितियों में आगे बढ़ता है साक्षात्कार के समय मनुष्य की उन्हीं प्रतिभाओं की परीक्षा होती है, कि वह अन्चाहे, अन्जाने सवालों का जवाब किस प्रकार देता है कि उससे साक्षात्कारकर्त्ता संतुष्ट होते हैं, उसकी प्रशंसा करने को प्रेरित होते हैं। जटिल एवं विपरीत परिस्थिति में कितने धैर्य, विवेक और संतुलन से कार्य करते हैं कि वह उम्मीदवार उन्हें अपने संगठन के लिए

उपयोगी लगने लगता है। साक्षात्कार न केवल कम्पनी या संस्था के लिए आवश्यक है, बल्कि एक सही उम्मीदवार के लिए भी अत्यंत आवश्यक है जिसके माध्यम से वह सभी के सामने अपनी उपयोगिता और महत्ता को बखूबी साबित कर सकता है, और स्वयं को अधिक से अधिक मानदेय प्राप्त करने में सफल होता है।

साक्षात्कार का एकमात्र उद्देश्य होता है–साक्षात्कारकर्त्ता द्वारा सही उपयोगी उम्मीदवार का चुनाव। विभिन्न परीक्षाओं, विभिन्न नौकरियों के लिए साक्षात्कार में प्रश्नों के स्तर व अंदाज अलग–अलग होते हैं। इसलिए उम्मीदवार को अपनी नौकरी के अनुरूप स्वयं को साक्षात्कार के लिए तैयार करना चाहिए। आवश्यकता एवं परिस्थिति के अनुरूप प्रश्नों का संदर्भ, स्वरूप और संख्या का निर्धारण साक्षात्कार के दौरान ही हो जाता है। जैसा कि हम जानते हैं साक्षात्कार में औपचारिक प्रश्नों के साथ ही विचारों के आदान–प्रदान का सिलसिला शुरू होता है, अतः अभ्यर्थी के उत्तर देने की कला एवं क्षमता पर सारी बातें निर्भर करती हैं। साक्षात्कार में साधारणतः किसी विषय पर पक्ष या विपक्ष में प्रश्न पूछे जाते हैं। अपने ज्ञान और वाक्पटुता के आधार पर अभ्यर्थी अपना विचार साक्षात्कारकर्त्ता के सामने रखता है। साक्षात्कार संबंधी परीक्षा का स्तर कभी भी एक जैसा नहीं होता है। सामान्यतः पद जितना ऊँचा होगा, संस्था जितनी बड़ी होगी, साक्षात्कार का स्तर उतना ही ऊँचा एवं कठिन होगा। परंतु अभ्यर्थी अपने ज्ञान व कार्य–अनुभव के स्तर के आधार पर ही वैसे साक्षात्कार में प्रत्याशी होते हैं और स्वयं को उस स्तर तक तैयार करने की सफल कोशिश करते हैं, और इस कोशिश से उनके ज्ञान एवं कार्य का स्तर एवं क्षमता बेहतर ही होती है, घटती नहीं है, इसलिए साक्षात्कार जीविका को ढूँढ़ने के लिए ही सही पर प्रत्येक व्यक्ति के लिए आवश्यक व महत्वपूर्ण है। इसके द्वारा अभ्यर्थी के व्यक्तित्व में निखार आता है।

हालाँकि कुछ आलोचकों का कहना है कि मात्र कुछ समय के प्रश्नोत्तर सत्र में किसी व्यक्ति के ज्ञान एवं पूर्ण व्यक्तित्व के बारे में नहीं जाना जा सकता है, क्योंकि कभी–कभी योग्य उम्मीदवार भी सही उत्तर नहीं दे सकता है, और कभी–कभी अयोग्य उम्मीदवार भी प्रश्नों के सही उत्तर दे देता है। ऐसा हो सकता है, पर जहाँ साक्षात्कार में चयन समिति के सदस्यों द्वारा अभ्यर्थी का सूक्ष्म निरीक्षण उसके प्रत्येक हाव–भाव, व्यवहार का सूक्ष्म परीक्षण किया जाता हो, वहाँ अयोग्य उम्मीदवार के चयन की संभावना नगण्य हो सकती है। योग्यता/क्षमता को व्यक्ति के अंदर से बाहर निकालना, उसे प्रकाशित करना ही साक्षात्कार का मुख्य उद्देश्य एवं औचित्य होता है। साक्षात्कार अभ्यर्थी एवं संघटन, एम्प्लाई एवं एम्प्लायर दोनों के लिए अत्यंत महत्वपूर्ण होता है।

☆☆☆

# 4

# साक्षात्कार : प्रक्रिया एवं शुरुआत

प्रत्येक व्यक्ति को स्कूल से कॉलेज तक, कॉलेज से कम्पनी तक सभी जगह प्रवेश के लिए 'साक्षात्कार' का सामना करना पड़ता है। पहले भी साक्षात्कार का महत्व था; किंतु सिर्फ उच्च पदों के लिए नौकरी/रोजगार में। आज के प्रतियोगी समय में हर जगह साक्षात्कार एक सामान्य और महत्वपूर्ण परीक्षा के रूप में हर किसी के सामने होती है। आवश्यक रूप से साक्षात्कार एक कला है, जिसमें साक्षात्कार के दौरान अपने सम्भाषण के द्वारा अपने व्यक्तित्व को प्रस्तुत करना होता है, अपनी उपयोगिता एवं उपादेयता प्रमाणित करनी होती है। साथ ही यह एक ऐसी वैज्ञानिक एवं तकनीकी प्रक्रिया है, जिसके द्वारा विभिन्न परिस्थितियों में व्यक्ति के आंतरिक गुण बाहर निकाले जाते हैं।

सामान्यतया जब किसी भी संस्था या कम्पनी के द्वारा साक्षात्कार का आयोजन, किसी रोजगार में भर्ती हेतु किया जाता है, तब सही और योग्य उम्मीदवार के चुनाव के लिए कुछ महत्वपूर्ण चरणों/प्रक्रियाओं के माध्यम से उम्मीदवार को गुजारना पड़ता है। जैसे—

- साक्षात्कार की शुरुआत
- उम्मीदवार के शैक्षिक स्तर की जानकारी
- उम्मीदवार के मनोवैज्ञानिक स्तर का विश्लेषण
- प्रश्नोत्तर सत्र के द्वारा वार्त्तालाप
- साक्षात्कार के निष्कर्ष

साक्षात्कार की शुरुआत, रोजगार के लिए भेजे गए आवेदन–पत्र या किसी लिखित परीक्षा में सफलता हासिल करने के बाद होती है। उसी समय से उम्मीदवार साक्षात्कार की तैयारी में जुट जाता है। साक्षात्कार के लिए दिन, समय, जगह सभी की जानकारी उसे पहले ही मिल जाती है। उस निर्धारित तारीख, समय और जगह पर पहुँचना कम्पनी या संस्था द्वारा निर्धारित कुछ औपचारिकताएँ पूरी करने के बाद अपना क्रम आने का इंतजार करना पड़ता है।

किसी भी साक्षात्कार में साक्षात्कार मंडल के समक्ष उपस्थित होकर एक अच्छे अभिवादन के साथ ही साक्षात्कार की शुरूआत होती है। साक्षात्कार कक्ष में सदस्यों के सामने उम्मीदवार का बायोडाटा पहले से ही रखा होता है। बायोडाटा के साथ ही यदि किसी लिखित परीक्षा के बाद उम्मीदवार साक्षात्कार के लिए बुलाया जाता है, तो उसका विस्तृत विवरण या आवेदन–पत्र और कवर पत्र भी साक्षात्कारकर्त्ताओं के पास मौजूद होता है। उम्मीदवार के अभिवादन का जवाब देते हुए सदस्यगण उसे बैठने को कहते हैं और साथ ही सामान्य–औपचारिक प्रश्नों से वार्त्तालाप शुरू करते हैं। सामान्यतया बायोडाटा में प्रस्तुत विवरण के आधार पर ही प्रश्नों की शुरूआत होती है, जिसमें कभी–कभी साक्षात्कारकर्त्ता नाम या जगह का अर्थ, जगह की महत्ता आदि के बारे में पूछते हैं। अभ्यर्थी के बायोडाटा में माता–पिता के नाम का भी उल्लेख होता है। कभी–कभी माता–पिता की शैक्षणिक, आर्थिक एवं पारिवारिक पृष्ठभूमि के बारे में भी प्रश्न पूछा जाता है। कभी–कभी जगह या शैक्षणिक पृष्ठभूमि के बारे में सामान्य वार्त्तालाप की तरह साक्षात्कार की शुरूआत की जाती है। साक्षात्कार के माहौल एवं अभ्यर्थी के तनाव को कमकर उसे सामान्य बनाने के लिए ऐसे हल्के प्रश्नों को पूछा जाता है। जिससे उम्मीदवार अपने को सहज महसूस कर सके। सामान्यतया किसी संदर्भ में अभ्यर्थी के रुचिगत प्रश्नों को पूछकर अभ्यर्थी को साक्षात्कार मंडल के सदस्यों के साथ तादात्म्य स्थापित कर साक्षात्कार की प्रक्रिया को सुरुचिपूर्ण और हल्का भी बना दिया जाता है, ताकि अभ्यर्थी आराम से अन्य प्रश्नों का उत्तर दे सके और उसके सभी गुणों अवगुणों का अवलोकन अच्छी तरह किया जा सके।

प्रायः हरेक व्यक्ति की कुछ–न–कुछ रुचि होती है। किसी–किसी की किसी विशेष चीजों में गहरी अभिरुचि होती है जिससे व्यक्ति वास्तव में जीवन में जीने/आगे–बढ़ने आदि की प्रेरणा प्राप्त करता हैं। साक्षात्कार के लिए बायोडाटा में अपनी रुचि का उल्लेख करते समय सावधान रहना चाहिए क्योंकि इसे साक्षात्कारकर्त्ता प्रश्नोत्तर का विषय शुरूआत के लिए चुनते हैं। इसके बाद सामान्य जानकारी पर आधारित प्रश्नों के द्वारा अभ्यर्थी के सामान्य ज्ञान संबंधी योग्यता को परखा जाता है। सामान्य ज्ञान का क्षेत्र अत्यंत व्यापक एवं असीमित है, इसलिए सामान्यतः अभ्यर्थी की रुचि को आधार बनाकर अभ्यर्थी से क्षेत्र–विशेष के सामान्य ज्ञान की चर्चा की जाती है।

कभी–कभी साक्षात्कार की शुरूआत असामान्य प्रकृति के प्रश्नों से की जाती है; यह देखने के लिए कि अभ्यर्थी कितना सहनशील और संतुलित है। सामान्यतः ऊँचे पदों पर ऐसे व्यक्ति/उम्मीदवार की आवश्यकता होती है जो विभिन्न एवं विषम परिस्थितियों में भी लोकहित में सही निर्णय ले सकें।

साक्षात्कार की शुरूआत के बाद अभ्यर्थी के शैक्षिक पृष्ठभूमि के आधार पर प्रश्न किए जाते हैं। उसके बाद तकनीकी एवं व्यवसायिक गुणों की परख की जाती है। इस वार्तालाप के दौरान साक्षात्कारकर्त्ता अभ्यर्थी के समूचे व्यक्तित्व का निरीक्षण करते हैं। अंत में साक्षात्कारकर्त्ता अभ्यर्थी के मनोविज्ञान और स्वभाव को जानने के लिए प्रतिप्रश्न (cross questions) का अवसर देते हैं। इसमें अभ्यर्थी को भी प्रश्न पूछने का मौका दिया जाता है, ताकि उसके प्रश्न व प्रश्न पूछने के हाव–भाव/शैली से अभ्यर्थी की मनःस्थिति का पता लगाया जा सके।

साधारणतया, साक्षात्कार की प्रक्रिया में अभ्यर्थियों के शैक्षिक स्तर एवं जागरूकता की जाँच की जाती है। इसमें मुख्य विषय एवं दैनिक क्रियाकलाप में उसके उपयोग या व्यवहार तथा राष्ट्रीय एवं अन्तर्राष्ट्रीय गतिविधियों के संबंध में अभ्यर्थी की जागरूकता एवं ज्ञान की जाँच की जाती है। इस प्रकार साक्षात्कार की प्रक्रिया अंतिम अभिवादन के साथ समाप्त की जाती है।

# साक्षात्कार के प्रकार

प्रत्येक संघटन/संस्था या फर्म में साक्षात्कार चयन की प्रक्रिया का अपना अंदाज/अपना अलग स्वरूप होता है, जो रोजगार एवं संघटन के स्तर, उसके पोजीशन एवं प्रकृति पर निर्भर करता है। सामान्यतः सरकारी संस्थानों में निम्न से लेकर उच्च पदों के लिए लिखित परीक्षा में अच्छे अंकों व अच्छे ग्रेड से सफल हुए प्रतिभागियों को साक्षात्कार के लिए बुलाया जाता है। कारपोरेट जगत में रोजगार के आधार बायोडाटा/रेज्यूम पर आमंत्रित किए जाते हैं और फिर बायोडाटा के आधार पर कुछ उपयुक्त उम्मीदवार को साक्षात्कार के लिए बुलाया जाता है। कुछ मध्यमवर्गीय या छोटी कम्पनियाँ अपने रोजगार के अवसर (वैकेन्सीज) का विज्ञापन अखबारों व मीडिया में देकर सीधे साक्षात्कार के लिए योग्य उम्मीदवार को आमंत्रित करते हैं। साधारणतया, कम्पनी या संस्था के मानव संसाधन विभाग के अधिकारी (HR Personnel) उम्मीदवार के बायोडाटा में प्रस्तुत प्राथमिक जानकारी के आधार पर उम्मीदवार का चुनाव करते हैं और साक्षात्कार के लिए फोन/इंटरनेट पर या सीधे ऑफिस में बुलाकर उम्मीदवार की योग्यता और उपयोगिता की जाँच करते हैं और फिर मुख्य साक्षात्कार के लिए उन्हें आमंत्रित करते हैं।

अतः नौकरी की प्रकृति और माँग तथा संघटन की आवश्यकता के अनुसार साक्षात्कार के कुछ मुख्य प्रकार निम्नलिखित हैं

**1. प्राथमिक जाँच साक्षात्कार** (Preliminary Screening Test Interview)—इस साक्षात्कार का मुख्य उद्देश्य होता है—उम्मीदवारों के बारे में सामान्य और सही जानकारी इकट्ठा करना, ताकि अनेक उम्मीदवारों की सूची में से नौकरी के उपयुक्त उम्मीदवारों को श्रेणीबद्ध किया जाय और अनुपयुक्त उम्मीदवारों को छाँट दिया जाए। सूची एवं श्रेणीबद्ध उम्मीदवारों को आगे के लिए बुलाया जाए या नहीं इसी अप्रत्यक्ष साक्षात्कार प्रक्रिया के द्वारा तय किया जाता है। उम्मीदवारों के बायोडाटा/रेज्यूम, उनके आवेदन–पत्र, कवर–पत्र आदि को कम्पनी या संस्था के प्रतिनिधि द्वारा

ध्यानपूर्वक देखा जाता है। उम्मीदवारों के साथ फोन पर बात करके या उन्हें बुलाकर कुछ सामान्य और आवश्यक प्रश्न किए जाते हैं जिससे उनकी तथा उनके द्वारा वर्णित तथ्यों की सत्यता प्रमाणित की जाती है तथा यह देखा जाता है कि उम्मीदवार / आवेदक नौकरी की माँग / पैरामीटर को पूरा करता है या नहीं।

इस प्राथमिक जाँच परीक्षा में सफलता के लिए उम्मीदवार को यह आवश्यक रूप से ध्यान में रखना चाहिए कि अपने आवेदन–पत्र और बायोडाटा में सही सूचना व योग्यता का उल्लेख करे। जो बायोडाटा उसने कम्पनी को भेजी है, उसकी एक प्रति अपने पास रखे, ताकि फोन पर या अप्रत्यक्ष रूप से लिए गए इस साक्षात्कार में तथ्यों की पुष्टि में कोई गड़बड़ी न हो। जब उम्मीदवार सही तथ्यों एवं शैक्षिक / तकनीकी / व्यवसायिक गुणों / अनुभवों का विवरण देता है तो इस प्रकार की गड़बड़ी (mismatching) की गुंजाईश नहीं होती है, और साक्षात्कार में पूछे गए हर प्रश्नों का विश्वासपूर्वक सही उत्तर देता है।

## व्यवहारिक साक्षात्कार  (Behavioral Interview)

जैसा कि शीर्षक से ही पता चलता है कि यह अभ्यर्थी के वास्तविक आन्तरिक स्वरूप एवं उसकी मानसिक क्षमता को जाँचने एवं विश्लेषण करने के लिए उपयुक्त होता है। इस साक्षात्कार के द्वारा साक्षात्कारकर्त्ता का एकमात्र उद्देश्य होता है, उम्मीदवार की वास्तविक उच्चतम क्षमता / योग्यता / सामर्थ्य को जाँचना जो अपने परिश्रम से फर्म को अधिक लाभ दे, अपनी संघटन क्षमता और व्यवहार से टीम को बाँधकर रखे अपने प्रेरक शक्ति का उपयोग कर टीम के सदस्यों को कार्य के प्रति ऊर्जावान् प्रेरणा दे और साथ ही खुद भी इतना स्व–रचनात्मक क्रियात्मक हो कि संघटन को कुछ अच्छा व नया दे सके। व्यवहारिक एवं प्रायोगिक प्रश्नों के द्वारा साक्षात्कारकर्त्ता अभ्यर्थी के अंदर दबे हुए सकारात्मक व धनात्मक गुणों एवं ऋणात्मक गुणों व कमजोरी को बाहर निकालने में सक्षम होते हैं। साक्षात्कारकर्त्ता के द्वारा पूछे गए कुछ व्यवहारिक प्रश्न हैं

- वह क्या विशेष है, जिसने आपको इस संघटन में काम करने के लिए प्रेरित किया?
- आप इस नौकरी के लिए स्वयं को कैसे अधिक उपयुक्त मानते हैं?
- आप काम के दबाव को किस प्रकार लेते हैं?
- आपके लिए कौन सी चीज अधिक आवश्यक है, अपनी नौकरी से संतुष्टि या आर्थिक  सफलता?

- आप किस चीज को पाकर स्वयं पर गर्व महसूस करते हैं?
- आप किसी कार्य को पूरा करने के लिए दिए गए निर्धारित अंतिम समय–सीमा को कैसे लेते हैं?

इस प्रकार के अनेक प्रश्न हैं, जो उम्मीदवार के मानसिक, आंतरिक व प्रायोगिक क्षमता की जाँच के लिए पूछे जाते हैं। इन प्रश्नों का उत्तर अभ्यर्थी को साकारात्मक रुख के साथ, विनम्रता के साथ देना चाहिए। अभ्यर्थी को इन प्रश्नों का उत्तर ऐसी अभिव्यक्ति के साथ देना चाहिए, जिससे साक्षात्कारकर्त्ता को यह न लगे कि अभ्यर्थी स्वयं को बिल्कुल विद्वान एवं परफेक्ट समझता है। यह हमेशा ध्यान रखना चाहिए कि कोई भी व्यक्ति इस दुनियाँ में बिल्कुल परफेक्ट नहीं होता है। ऐसे व्यवहारिक प्रश्नों के उत्तर देने के लिए, यदि संभव हो तो अभ्यर्थी को सच्चे उदाहरण या व्याख्यानों के जरिए संक्षिप्त रूप में प्रायोगिक तरीके का प्रयोग करना चाहिए। ऐसे प्रश्नों का मुख्य उद्देश्य ही होता है कि अभ्यर्थी द्वारा दिए गए उत्तर के पीछे कारण और पृष्ठभूमि का पता करना। अतः अभ्यर्थी को स्पष्ट उत्तर के साथ अपनी बातों का उल्लेख करना चाहिए।

## कक्ष साक्षात्कार (Panel Interview)

इस साक्षात्कार में कई साक्षात्कारकर्त्ता होते हैं। यह सामान्य साक्षात्कार से थोड़ा भिन्न होता है। इसमें साक्षात्कार मंडल के सदस्य चूँकि अधिक संख्या में होते हैं, अतः हर स्तर पर अभ्यर्थी से विभिन्न प्रकार के प्रश्न पूछे जाते हैं। इस साक्षात्कार में किसी भी अभ्यर्थी के साथ जरा भी पक्षपात होने या किए जाने के अवसर नहीं होते हैं। इसमें साक्षात्कारकर्त्ता न केवल विभिन्न प्रकार के प्रश्न पूछते हैं, बल्कि नौकरी की आवश्यकता, उपयोगिता, शर्तें एवं नियम, कम्पनी के स्थान, उद्योग जगत या क्षेत्र विशेष में उसकी स्थिति, उसके हानि–लाभ आदि विभिन्न विषयों पर वार्तालाप करते हैं। साक्षात्कारकर्त्ता यह पता लगाने की कोशिश करते हैं कि अभ्यर्थी उस कम्पनी के बारे में क्या–क्या जानता है या कितनी जानकारी रखता है, उस कम्पनी में उसकी कितनी रुचि है और अभ्यर्थी यह जानने की कोशिश करता है कि जिस कम्पनी में नौकरी के लिए वह इच्छुक है, वह उसके लिए तथा उसके कैरियर के लिए कितना उपयोगी है। अन्य साक्षात्कार की अपेक्षा यहाँ वह अधिक से अधिक साक्षात्कारकर्त्ता से बात करने का अवसर प्राप्त करता है और सबके सामने अपने विचारों को भी खुलकर रख पाता है।

अधिकतर केन्द्रीय एवं सरकारी संस्थान जैसे यूनियन पब्लिक सर्विस कमीशन, लोक सेवा आयोग, सेन्ट्रल रिक्रूटमेंट, स्टाफ सेलेक्शन कमीशन, स्टेट बैंक ग्रुप, स्टेट पब्लिक सर्विस कमीशन और अन्य बोर्ड तथा एजेंसी पैनल इंटरव्यू का आयोजन करते हैं, ताकि विभिन्न चरणों में अभ्यर्थी की प्रतिभा की जाँच–परखकी जाए। ये सभी

सरकारी संस्थायें निम्नवर्गीय कर्मचारियों से लेकर उच्च वर्गीय कर्मचारियों/अधिकारियों तक की नियुक्ति करते हैं, जो लोकहित में, लोकसेवक के रूप में आम लोगों के बीच में काम करते हैं। इन्हें नित्य–प्रति आमलोगों के हर विचार, जिज्ञासा एवं हाव–भाव का सामना करना पड़ता है। इसलिए ऐसे अधिकारियों एवं कर्मचारियों में विभिन्न स्तर पर मेधा एवं प्रतिभा के साथ–साथ सभी प्रकार के मानवीय गुणों का समावेश भी आवश्यक होता है, ताकि वे 'सर्वजनहिताय–सर्वजनसुखाय' को सार्थक कर सकें। इसके लिए साक्षात्कारमंडल के सभी सदस्य विभिन्न स्तर पर अभ्यर्थी के समूचे व्यक्तित्व का परीक्षण कर उन्हें आगे बढ़ाते हैं। ऐसे साक्षात्कार के लिए अभ्यर्थी को शांत एवं संतुलित मनःस्थिति के साथ प्रत्येक साक्षात्कारकर्त्ता के प्रश्नों का उत्तर दृढ़ता के साथ सही–सही, सीधे–सादे तरीके से देना चाहिए ताकि उनका लक्ष्य उन्हें आसानी से मिल सके। उच्च सरकारी संस्थानों में ऊँचे पदों पर आसीन होने के लिए गहन लिखित परीक्षा के साथ ही कठिन साक्षात्कार परीक्षा से भी गुजरना पड़ता है। अतः पैनल साक्षात्कार के लिए अभ्यर्थी को कुछ ऐसे अभ्यर्थी से मिलना चाहिए जिसने पहले ऐसे साक्षात्कार का सामना किया हो तथा अन्य उपलब्ध सामग्री पत्र–पत्रिकाओं में छपे इंटरव्यू को भी पढ़कर तैयारी करनी चाहिए।

## संरचित एवं असंरचित साक्षात्कार

### (Structured and Unstructured Interview)

संरचित साक्षात्कार में, साक्षात्कारकर्त्ता पहले से बनाए गए अनेक प्रश्नों की सूची का इस्तेमाल कर अभ्यर्थी की योग्यता, क्षमता तकनीकी गुणों एवं नौकरी/कार्य के अनुरूप उम्मीदवार के अनुभव की जाँच करता है। संरचित साक्षात्कार में नौकरी के अनुरूप एवं कम्पनी/फर्म की आवश्यकता के अनुरूप प्रश्न तैयार कर पहले से ही रख लिए जाते हैं। अभ्यर्थी के मानसिक या शैक्षिक या तकनीकी सभी योग्यता को जाँचने के लिए मौखिक प्रश्न पूछे जाते हैं। इस प्रकार के साक्षात्कार का सामना करने के लिए अभ्यर्थी को कम्पनी एवं नौकरी के स्वरूप, उसके इतिहास–भूगोल सभी की जानकारी पूर्व में ही कर लेनी चाहिए। कम्पनी को क्या चाहिए इसकी जानकारी उसे पत्र–पत्रिकाओं, इंटरनेट पर वेबसाइट या किसी अन्य माध्यम से हासिल कर लेनी चाहिए। सामान्यतः अभ्यर्थी को पहले से मालूम नहीं होता है कि किस प्रकार के साक्षात्कार का उसे सामना करना पड़ेगा, इसलिए उसे साक्षात्कार की तैयारी पूर्व–पाठ के अनुरूप कर लेना चाहिए।

असंरचित साक्षात्कार का प्रयोग साक्षात्कारकर्त्ता दो या दो से अधिक या उससे भी अधिक उम्मीदवारों की योग्यता के बीच जो साधारण सा अंतर होता है, उसे पहचानने के लिए किया जाता है। जहाँ सभी चुने हुए उम्मीदवारों के गुणों/योग्यताओं

के बीच एकदम जरा सा फर्क होता है, तब उनमें से किसी योग्यतम का चुनाव मुश्किल होता है, ऐसी स्थिति में ऐसे साक्षात्कार का उपयोग होता है। तनाव (Stress) साक्षात्कार इसका सबसे अच्छा उदाहरण है। इस साक्षात्कार में सफल होने के लिए उम्मीदवार को दिए गए विषय या पूछे गए प्रश्नों का उत्तर अपनी मानसिक योग्यता / सामर्थ्य के आधार पर ढूँढ़ना होता है। अपनी मनः स्थिति को संतुलित और ठंडा रखकर सोच–समझ कर प्रश्नों के उत्तर देने होते हैं। अभ्यर्थी की मानसिक स्थिति की जाँच–परख के लिए भी इस प्रकार के साक्षात्कार का प्रयोग किया जाता है।

## तनाव साक्षात्कार (Stress Interview)

इस प्रयोगवादी और प्रतियोगी जगत में प्रत्येक व्यक्ति कभी–न–कभी तनाव व दबाव महसूस करता है। यह तनाव या दबाव क्या है? यह वास्तव में, उस वातावरण, जहाँ व्यक्ति जीता है / काम करता है तथा व्यक्ति–विशेष की सोच, विचार, इच्छा–आकांक्षा, योग्यता–क्षमता आदि के बीच का संबंध है। जिस वातावरण में व्यक्ति कार्य करता है, यदि वह उसके मनोनुकूल होता है, व्यक्ति जो कार्य करता है, यदि वह उसकी योग्यता व क्षमता तथा इच्छा के अनुरूप होती है, तो व्यक्ति को तनाव या दबाव महसूस नहीं होता है। व्यक्ति समय–सीमा या किसी भी प्रकार के प्रतिबंध में बँधा नहीं होता है, तो वह तनावमुक्त होता है, लेकिन यही सारी स्थितियाँ यदि विपरीत हों तो तनाव महसूस होता है। सामान्यतया निम्नवर्गीय कर्मचारियों को तनाव के वातावरण का सामना नहीं के बराबर या यदा–कदा करना पड़ता है, जबकि किसी भी सरकारी या गैरसरकारी संस्था के उच्च पदों पर आसीन अधिकारियों को कार्य–क्षेत्र में तनाव की स्थिति का सामना कभी भी करना पड़ जाता है। सामान्यतया कम्पनी के पर्सनल मैनेजर, एच. आर. मैनेजर, इंडस्ट्रियल रिलेशन मैनेजर आदि को काम के दबाव व तनाव के साथ–साथ परिस्थितियों तथा अपने अधीन कार्य करने वाले कर्मचारियों से उत्पन्न तनाव का भी सामना करना पड़ता है। इसीलिए कम्पनी या किसी भी संस्था के उच्च पदों पर नियुक्ति हेतु इस साक्षात्कार का महत्वपूर्ण स्थान है।

तनाव साक्षात्कार उम्मीदवार की उस योग्यता एवं क्षमता को जाँचने का तरीका है, जिसके द्वारा वह विषम परिस्थितियों या तनाव की स्थिति में स्वयं को संतुलित रखकर उन्हें संभाल सकता है और कठिनाइयों का हल ढूँढ़ सकता है। साक्षात्कारकर्त्ता पक्षपाती होकर या बहस छेड़कर या अभ्यर्थी को इन्तजार करवाकर उसकी मनः स्थिति का जायजा लेते हैं; कि इनका क्या असर अभ्यर्थी के दिलो–दिमाग पर पड़ता है, या वे किस तरह अपनी प्रतिक्रिया व्यक्त करते हैं, अथवा वे परेशान होकर झुंझलाते हैं? उच्च पदों पर नियुक्ति हेतु साक्षात्कार में इन चीजों को परखना अत्यंत आवश्यक होता

है, क्योंकि कार्य की अधिकता, अनेक जिम्मेदारियों एवं अपने अधीनस्थ कर्मचारियों को कार्यरत रखना, कार्य को समय से पूरा करना और करवाना, इन पदों का उत्तरदायित्व होता है। इतना ही नहीं कम्पनी के फायदे–नुकसान की जवाबदेही भी इन्हीं के माथे होता है। एक तरफ अधीनस्थ कर्मचारियों एवं कार्यों को संभालना होता है, दूसरी तरफ अपने से ऊँचे पदाधिकारियों को हर चीज का जवाब देना होता है। अतः ये पद स्वयं में तनाव का कारण होता है। इसलिए तनाव साक्षात्कार में साक्षात्कारकर्त्ता अभ्यर्थी से ऐसे–ऐसे प्रश्न करते हैं, जिससे वह तनाव में आ सकता है, झुंझला सकता है असंतुलित जवाब दे सकता है। साक्षात्कार मंडल के सदस्य एक के बाद एक बिना किसी समय–अंतराल व सोचने का समय दिए बिना प्रश्नों की बौछार लगा सकते हैं या वे अभ्यर्थी के मूल्यों–सिद्धांतों पर प्रहार कर सकते हैं, कभी–कभी निजी जीवन संबंधी प्रश्न भी पूछ सकते हैं। इन सबका एक ही तात्पर्य होता है–विपरीत / विषम परिस्थितियों में अभ्यर्थी की मानसिक स्थिति का जाँच करना। अभ्यर्थी को तत्काल समझ जाना चाहिए कि ऐसे विषम और तीखे सवाल उसके मानसिक संतुलन की जाँच के लिए है, अतः बिना धैर्य खोए, शांति से, अपनी सूझ–बूझ के साथ स्थितियों का जायजा शीघ्रता से लेते हुए उत्तर देना चाहिए। अपनी भावनाओं पर नियंत्रण रखना चाहिए, क्योंकि साक्षात्कार में व्यक्तिगत कुछ भी नहीं होता। जब अभ्यर्थी को यह अहसास हो जाता है कि साक्षात्कारकर्त्ता का उद्देश्य उसकी भावनाओं को चोट पहुँचाना या उसकी टाँग खींचना नहीं है, तो अभ्यर्थी आराम से, मुस्कुराकर उनके सवालों का जवाब दे सकता है। कभी–कभी इस प्रकार के साक्षात्कार में, साक्षात्कारकर्त्ता ऐसा व्यवहार करता है, मानो वह उसकी उपेक्षा कर रहा हो। मसलन वह कोई प्रश्न पूछता है और फिर अभ्यर्थी की ओर ध्यान न देकर कुछ और करने लगता है, किसी से फोन पर बातें करने लगता है, उसकी तरफ पीठ घुमा देता है। ऐसे में सामान्यतया व्यक्ति को गुस्सा आता है, उसे सामने वाले पर झुंझलाहट होती है, लेकिन यह भी साक्षात्कार का एक तरीका है, जिससे अभ्यर्थी के मानसिक संतुलन, उसके रक्त–दाब, उसकी नियंत्रण–क्षमता को मापा जाता है और यह उच्च पदों पर नियुक्ति हेतु अत्यंत आवश्यक होता हैं इसलिए अभ्यर्थी को पहले से ही इन बातों के लिए स्वयं को तैयार रखना चाहिए।

## व्यक्तिगत साक्षात्कार (Personal Interview)

छोटी संस्थाओं / संघटनों में जहाँ रोजगार की संख्या सीमित होती है, और यहाँ तक कि केवल एक सही और अनुभवी व्यक्ति की आवश्यकता होती है, वहाँ व्यक्तिगत साक्षात्कार या एक व्यक्ति साक्षात्कार आयोजित की जाती है। ऐसे साक्षात्कार में साक्षात्कारकर्त्ता केवल एक व्यक्ति होता है, जो अभ्यर्थी का हर स्तर पर मौखिक

परीक्षण लेता है। हालाँकि ऐसा यदा–कदा ही होता है कि छोटी कम्पनियों में भी कम आवेदन–पत्र या बायोडाटा आए हों। उन्हें ध्यान से पढ़कर छाँटकर और फिर उनमें से कम्पनी की आवश्यकता के अनुरूप एक या दो या तीन–चार अभ्यर्थी को साक्षात्कार के लिए बुलाया जाता है। कम्पनी के चेयरमैन या डायरेक्टर या चुना गया कोई प्रतिनिधि बुलाये गए अभ्यर्थी का साक्षात्कार लेते हैं। बायोडाटा या रेज्यूम तथा अभ्यर्थी के शैक्षिक/व्यवसायिक प्रमाणपत्रों के आधार पर अभ्यर्थी से प्रश्न पूछे जाते हैं। कम्पनी तथा नौकरी की माँग के अनुरूप सवाल पूछकर साक्षात्कारकर्त्ता अकेले निर्णय लेता है, कि किसे नौकरी पर रखना है, या किसे नहीं रखना है। यह साक्षात्कार कम्पनी, साक्षात्कारकर्त्ता और अभ्यर्थी तीनों के लिए सहज होता है। कम्पनी को साक्षात्कार के आयोजन के लिए अलग से कुछ आयोजित नहीं करना पड़ता है। एक साक्षात्कारकर्त्ता की नियुक्ति से कम्पनी के पैसे और समय की भी बचत होती है। अभ्यर्थी को भी विभिन्न स्तरों को पार कर ऊपर पहुँचने का तनाव नहीं होता है, ढ़ेर–सारी बाधाओं को पार करने का दबाव नहीं होता है।

प्रत्येक व्यक्ति का किसी भी चीज या काम को देखने, करने का अपना नजरिया, अपना विशेष तरीका और अपनी रूचिगत शैली होती है। इस प्रकार के साक्षात्कार में प्रायः यह निश्चित होता है कि साक्षात्कारकर्त्ता अपनी रूचि और अपने जैसे अभ्यर्थी को प्राथमिकता देगा, बल्कि वैसे ही अभ्यर्थी का चुनाव करेगा, यदि उसे अपने जैसा नहीं जंचा, तो वह किसी को नहीं भी चुन सकता है और कभी–कभी ऐसे व्यक्ति द्वारा चुना गया अभ्यर्थी  कम्पनी के लिए घातक भी सिद्ध हो सकता है, क्योंकि यह आवश्यक नहीं कि उस व्यक्ति द्वारा चयन किया गया अभ्यर्थी हर स्तर पर सही हो और कम्पनी विशेष के कार्यों की चुनौती को पूरा करने में सफल हो। ऐसा भी पाया गया है कि व्यक्तिगत साक्षात्कार में एकमात्र साक्षात्कारकर्त्ता किसी व्यक्ति विशेष को विशेष लाभ देकर अपने हितैषी के रूप में कम्पनी में नियुक्त कर लेते हैं। ऐसा चुनाव कम्पनी के हित में नहीं होता है। इस प्रकार के साक्षात्कार के लिए कुछ विशेष तैयारी की आवश्यकता नहीं होती। कम्पनी और नौकरी की आवश्यकता के बारे में अच्छी जानकारी होनी चाहिए, साथ ही संभव हो तो साक्षात्कारकर्त्ता के बारे में जानकारी हासिल कर लेना चाहिए, जिससे उसके अनुरूप स्वयं को तैयार किया जा सके। यदि साक्षात्कारकर्त्ता हँसमुख हो और मित्रवत् व्यवहार करता है, तो अभ्यर्थी को भी उसी प्रकार हो जाना चाहिए यदि साक्षात्कारकर्त्ता कड़क हो और तथ्यों पर आधारित प्रश्न करे तो अभ्यर्थी को भी वैसा ही जवाब शालीनता से देना चाहिए।

## क्रमिक साक्षात्कार (Sequential Interview)

नाम से ही स्पष्ट है कि इस प्रकार के साक्षात्कार में एक के बाद एक साक्षात्कार का सामना करना पड़ता है। इसमें एक अभ्यर्थी को विभिन्न स्तर पर विभिन्न साक्षात्कारकर्त्ता द्वारा एक–के बाद एक जाँचा–परखा जाता है। प्रत्येक साक्षात्कारकर्त्ता अपने-स्तर से कम्पनी और नौकरी की माँग के संदर्भ में अभ्यर्थी से प्रश्न पूछते हैं और अपने-अपने विचार एक–दूसरे के सामने रखते हैं। यह साक्षात्कार अन्य साक्षात्कार की अपेक्षा कठिन होता है। अत्यंत मेधावी अभ्यर्थी भी इस साक्षात्कार को मुश्किल और परेशान करने वाला मानते हैं। साक्षात्कारकर्त्ता जब एक साथ बैठे हों तो प्रश्न सामान्यतया एक–दूसरे के साथ सामंजस्यभरा होता है; किंतु अलग–अलग साक्षात्कारकर्त्ता के साथ एक–के–बाद एक अलग से प्रश्नों का सामना करना वाकई कठिन होता है।

अभ्यर्थी को इसे रूटीन रूप में लेना चाहिए और घबड़ाहट या झुंझलाहट महसूस नहीं करना चाहिए। इस साक्षात्कार की एक विशेषता है कि यदि अभ्यर्थी एक साक्षात्कारकर्त्ता के प्रश्नों का उत्तर संतुष्ट होकर नहीं दे पाया या पूरी तरह अपने विचार नहीं व्यक्त कर पाया तो उसे दूसरे के सामने यह अवसर मिलता है। अतः अभ्यर्थी को तुरंत अगले के पास जाने के लिए स्वयं को तैयार कर लेना चाहिए। इस साक्षात्कार में समय बहुत अधिक लगता है, इसलिए अभ्यर्थी को उकताहट महसूस नहीं करना चाहिए। इस प्रकार का साक्षात्कार बहुत कम या नहीं के बराबर आयोजित किया जाता है, क्योंकि इसमें संस्था/कम्पनी को भी अधिक समय एवं अधिक खर्च का वहन करना पड़ता है। इसका परिणाम भी मुश्किल होता है, क्योंकि अलग–अलग साक्षात्कारकर्त्ता के एक ही अभ्यर्थी के मामले में विचार अलग–अलग होते हैं और निर्णय लेना कठिन होता है।

## भोजन के समय साक्षात्कार (Lunch or Dinner Interview)

इस प्रकार के साक्षात्कार प्रायः वैसे पद के लिए होते हैं, जहाँ अत्यधिक रूप से विश्वसनीयता का मामला हो या इंटर–पर्सनल हों जैसे पर्सनल सेक्रेटरी आदि का चयन करना हो। हो सकता है, यह औपचारिक व व्यवहारिक हो किंतु अभ्यर्थी को यह नहीं भूलना चाहिए कि यह एक बिजनेस लंच या डिनर है, तथा उसके लिए साक्षात्कार है, और कुछ नहीं, जहाँ सामने वाला उसकी एक–एक सूक्ष्म गतिविधि को भी नोट करता है। इसमें साक्षात्कारकर्त्ता अभ्यर्थी के सामाजिक व व्यवहारिक क्रियाकलापों, तौर–तरीकों को देखता है, साथ ही किसी बिजनेस–डील को सकारात्मक परिणाम तक ले जाने की डीलिंग क्षमता को मापता है, जो उस नौकरी की आवश्यक माँग होती

है। इस प्रकार के साक्षात्कार में अभ्यर्थी को टेबल-मैनर को अपनाते हुए बिल्कुल सामान्य रहना चाहिए। भोजन का आर्डर देते समय साक्षात्कारकर्त्ता को महत्व एवं प्राथमिकता देनी चाहिए। हालाँकि उम्मीदवार वहाँ एक अतिथि की तरह होता है, पर उसे मेजबान की भूमिका निभानी चाहिए। मध्यम और मुलायम स्वर में बात करना चाहिए और भोजन के बाद धन्यवाद ज्ञापन करना चाहिए।

## टेलीफोनिक साक्षात्कार (Telephonic Interview)

साक्षात्कार की शुरूआत में कम्पनी/संस्था जब किसी पद विशेष के लिए आवेदन पत्र और बायोडाटा आमंत्रित करता है और उसे पद की योग्यता/अहर्ता के अनुसार छाँटता है, तब कुछ उम्मीदवारों का फोन द्वारा साक्षात्कार लिया जाता है। कम्पनी या संस्था के अधिकारी अभ्यर्थी की उम्मीदवारी की सत्यता जाँच करने, उसकी बातचीत तथा व्यवहारिकता की जाँच करने के लिए टेलीफोनिक साक्षात्कार लेते हैं। कुछ कम्पनी बाहरी उम्मीदवार को नियुक्त करने (Hire) के लिए भी टेलीफोनिक और वीडियो कन्फ्रेंसिंग द्वारा साक्षात्कार लेती है।

टेलीफोनिक साक्षात्कार का सामना करने के लिए उम्मीदवार को सभी मुख्य जानकारियों (तकनीकी एवं व्यवसायिक) सहित अपना बायोडाटा अपने साथ रखना चाहिए, ताकि उधर से पूछे गए प्रश्नों का सही उत्तर स्पष्टता और दृढ़ता से दे सके। ऐसे में कभी कम्पनी द्वारा फोन कॉल यदि अनचाहे समय में आ जाए तो नम्रता के साथ कारण बताते हुए फोन कॉल करने या उनसे बात करने का समय तय कर लेना चाहिए। बात करने के बाद धन्यवाद ज्ञापित करना नहीं भूलना चाहिए। जब फोन पर साक्षात्कार की प्रक्रिया बंद हो जाए तो अंत में धन्यवाद के साथ ही यह भी अवश्य कहना चाहिए कि, आपके साथ अपनी योग्यता और क्षमता के बारे में बात करके मुझे बहुत अच्छा लगा। मैं इस-इस तारीख को फ्री हूँ, आप जब चाहें अपनी सुविधानुसार मुझे कॉल कर सकते हैं। इस तरह की बातचीत के साथ फोन कॉल समाप्त किया जाना चाहिए।

टेलीफोनिक या वीडियोकन्फ्रेंसिंग के द्वारा लिया गया साक्षात्कार कम्पनी तथा अभ्यर्थी दोनों के लिए सुविधाजनक होता है। इस सुविधा से अभ्यर्थी अपने शहर के बाहर या विदेशों में भी अपनी अर्हता के अनुसार रोजगार के लिए आवेदन कर सकता है और साक्षात्कार का सामना भी कर सकता है। इससे कम्पनी का समय व खर्च तथा उम्मीदवार का समय, खर्च और (वेन्यू) जगह तक आने-जाने की परेशानी सभी कुछ की बचत होती है।

## हैंड्स ऑन साक्षात्कार (Hands on Interview)

इस साक्षात्कार में, साक्षात्कारकर्ता प्रायोगिक रूप से समस्या का समाधान करवा कर अभ्यर्थी की योग्यता की जाँच करते हैं। आधुनिक तकनीकी जगत में ऐसे कई रोजगार और कार्य हैं, जिसके लिए अभ्यर्थी को बिना प्रायोगिक परीक्षा दिए नियुक्ति नहीं मिलती है जैसे–कम्प्यूटर ऑपरेटर, इंजीनियर, अकाउंटेंट्स, मार्केटिंग एक्जीक्यूटिवस् आदि। कम्प्यूटर प्रोग्रामर या ऑपरेटर के लिए तो यह आवश्यक है ही, इंजीनियर को कहा जा सकता है कि कुछ इंजीनियरिंग प्रॉब्लम का विश्लेषण (एनालिसिस) करें, मार्केटिंग एक्जीक्यूटिव को कहा जा सकता है कि आय–व्यय के आँकड़ों का विश्लेषण करें। यह प्रायोगिक साक्षात्कार किसी भी साक्षात्कार के साथ अतिरिक्त रूप में लिया जाता है, ताकि अभ्यर्थी के तकनीकी एवं व्यवसायिक गुणों की सही जाँच हो सके। लेखन प्रकाशन के व्यवसाय में यह अत्यंत ही आवश्यक जाँच परीक्षा है। चाहे वह ग्राफिक्स डिजाइनर, टाइपिस्ट, प्रूफरीडर, एडीटर या लेखक के पद पर नियुक्ति हो इस साक्षात्कार को ही अपनाया जाता है।

## लैडर साक्षात्कार (Ladder Interview)

साक्षात्कारकर्त्ता अभ्यर्थी से पहले एक प्रश्न पूछता है, और फिर उसके जवाब में से ही दूसरा प्रश्न करता है। दूसरे प्रश्न के उत्तर से तीसरा प्रश्न करता है और इसी तरह एक के बाद एक प्रश्नों का सिलसिला चलता है। यह चरण–दर–चरण (step wise) होने के कारण लैडर साक्षात्कार कहलाता है। जैसे–प्रश्नः''आपने कौन से विषय में मास्टर डिग्री ली है?'' उत्तर : 'हिन्दी'। प्रश्नः ''अंग्रेजी क्यों नहीं, हिंदी क्यों?'' उत्तरः ''हिन्दी साहित्य मेरा प्रिय विषय है।'' प्रश्नः ''हिन्दी साहित्य में आपकी अभिरुचि क्यों हैं?''–इसी प्रकार प्रश्नों का क्रम आगे बढ़ता है।

## केस साक्षात्कार (Case Interview)

इस साक्षात्कार में अभ्यर्थी को समस्या–संबंधित प्रश्न दिया जाता है, और स्थिति को संभालने तथा समस्या को हल करने की चुनौती दी जाती है। यह बहुत हद तक हैंड्स ऑन साक्षात्कार की तरह होता है। इस प्रकार का साक्षात्कार प्रायः व्यवसायिक क्षेत्र में दिया जाता है, जहाँ कार्य–क्षेत्र वास्तविक जीवन का क्षेत्र होता है। इसमें अभ्यर्थी को किसी केस से संबंधित कुछ जानकारियाँ दी जाती हैं, और उसे यह अवसर दिया जाता है कि वह साक्षात्कारकर्त्ता से तार्किक व क्रमिक (sequential) प्रश्न पूछ सके ताकि वह केस की स्थिति को समझ सके, उस केस की गहराई तक जा सके और

आवश्यक जानकारियां इकट्ठा कर, समस्या परक प्रश्न का हल ढूँढ़ सके। इसके द्वारा, सामान्यतया अभ्यर्थी के मौखिक तार्किक और सांख्यिकी गुणों, संवाद व प्रजेंटेशन, व्यवसाय के गुणों तथा व्यवसाय के प्रति जागरूकता की जाँच परख की जाती है। अभ्यर्थी को मार्केट में कम्पनी के लाभ या मार्केट के आकार–प्रकार के लिए व्यवसायिक आँकड़े या संख्या का आकलन करने दिया जाता है और उम्मीदवार से यह उम्मीद की जाती है कि सपाट उत्तर देने की बजाय पूरी स्थिति का तार्किक प्रजेंटेशन प्रस्तुत करें।

केस साक्षात्कार का आयोजन समूह–जाँच परीक्षा के लिए भी किया जाता है। इसमें कुछ अभ्यर्थियों को एक ही केस से संबंधित तथ्य व जानकारियाँ दी जाती हैं और आपस में वाद–विवाद और चर्चा के माध्यम से एक हल पर सहमति बनाने को कहा जाता है। इसमें साक्षात्कारकर्त्ता खामोश होकर दूर से सभी अभ्यर्थियों का अवलोकन करते हैं। वे अभ्यर्थियों के संवादगुण, एक–दूसरे से अंतः प्रतिक्रिया, विश्लेषणात्मक सोच और व्यवसायिक जागरूकता का बखूबी अवलोकन करते हैं। इस प्रकार यह व्यवसायिक जगत के मार्केटिंग, विज्ञापन आदि के क्षेत्र में महत्वपूर्ण साक्षात्कार सिद्ध हुआ है।

## वाक–इन–इंटरव्यू (Walk-In-Interview)

इस साक्षात्कार में उम्मीदवार को विज्ञापन के जरिए आमंत्रित किया जाता है। विज्ञापन में ही साक्षात्कार का स्थान और साक्षात्कार में उपस्थित होने की तारीख व समय का उल्लेख कर दिया जाता है। अपनी योग्यता व नौकरी की आवश्यकताओं को देखकर उम्मीदवार अपने बायोडाटा और आवश्यक प्रमाण–पत्र अनुभव प्रमाण–पत्र, तकनीकी, व्यवसायिक गुणों से संबंधित साक्ष्यों को लेकर साक्षात्कार के लिए निर्धारित जगह पर समय से पहुँचते हैं। वहाँ संबंधित कम्पनी/संस्था के अधिकारी उपस्थित होते हैं जो उम्मीदवारों को अपना एक आवेदन पत्र (परफार्मा) देते हैं, जिसमें कुछ आवश्यक सूचनाओं के अतिरिक्त मेधा–आधारित कुछ प्रश्नों के उत्तर देने होते हैं। इस परफार्मा को साक्षात्कारकर्त्ता के पास भेजा जाता है और एक–एक करके उम्मीदवारों को बुलाया जाता है। साक्षात्कार के दौरान उम्मीदवारों से विभिन्न प्रकार के सवाल–जवाब किए जाते हैं, साथ ही उनके साक्ष्यों का भी निरीक्षण किया जाता है। इस प्रकार के साक्षात्कार आजकल काफी प्रचलन में हैं। कम्पनी/फर्म एक या दो दिन में, अधिकांशतः अवकाश के दिनों में/सप्ताहांत में, साक्षात्कार का आयोजन करते हैं, और विभिन्न प्रकार के सभी पदों की नियुक्ति हेतु विज्ञापन देकर, एक बार में साक्षात्कार ले लेते हैं। हर साक्षात्कार की तरह इसमें भी उम्मीदवार को अपनी योग्यता के अनुसार

ऐसे साक्षात्कार में भाग लेना चाहिए। यह साक्षात्कार दोनों पक्ष के लिए समय व धन के मामले में लाभकारी होता है।

## कैम्पस साक्षात्कार (Campus Interview or Placement)

आजकल विभिन्न शैक्षिक संस्थानों–व्यवसायिक और तकनीकी शैक्षिक संस्थानों में शिक्षा के अंतिम सत्र के दौरान छात्रों के प्राइवेट तथा सरकारी (कभी–कभी) नौकरियों हेतु एक आम (common) साक्षात्कार का आयोजन किया जाता है। इस साक्षात्कार को शिक्षा–संस्थानों में निजी कम्पनियों या सरकारी संस्थानों के द्वारा गुणी एवं कुशल छात्रों के चयन के लिए, आयोजित किया जाता है।

इस प्रकार के साक्षात्कार प्रायः दो तरह से आयोजित किए जाते हैं–(1) जिसमें छात्र पढ़ाई कर रहे होते हैं, उसी संस्थान में, वहीं के छात्रों के नियोजन के लिए (2) कॉलेज या किसी निर्धारित स्थान पर, जिसमें बहुत सारे संस्थानों से छात्रों को बुलाया जाता है। इस साक्षात्कार का उद्देश्य होता है, छात्रों को एकेडेमिक प्रोजेक्ट करने के लिए औद्योगिक वातावरण उपलब्ध करना साथ ही उन्हें आगे के कार्य के लिए प्रशिक्षित कर तैयार करना। ऐसे अभ्यर्थियों को कम्पनियाँ अपेक्षाकृत कम वार्षिक आय पर नौकरी पर रखती हैं/हायर करती हैं। मेधावी छात्रों की प्रतिभा तथा तकनीकी गुणों को विकसित कर उसे अपनी कम्पनी की आवश्यकताओं के अनुरूप बनाती हैं। इस साक्षात्कार में कम्पनी पहले सभी छात्रों का एप्टीट्यूड (aptitude) टेस्ट लेती है और इसमें सफल हुए छात्रों का तकनीकी व व्यवसायिक जाँच करती है। व्यक्तित्व, संवाद के गुण, नेतृत्वगुण, समझाने की तार्किक शक्ति और अन्य गुणों की पहचान के लिए कुछ कम्पनी समूह परिचर्या (किसी सामान्य व ज्वलंत विषय पर) का भी आयोजन करते हैं। साथ ही व्यक्तिगत रूप से औपचारिक साक्षात्कार का भी आयोजन किया जाता है, जिससे छात्रों के आत्मविश्वास और कार्य करने तथा निर्णय लेने की क्षमता की जाँच हो सके। यह साक्षात्कार छात्रों के लिए अत्यंत महत्वपूर्ण और बेहतर कैरियर की शुरूआत होती है।

## अंतिम साक्षात्कार (Final Interview)

बायोडाटा व आवेदन–पत्र भेजने के साथ ही साक्षात्कार की शुरूआत होती है और अभ्यर्थियों को कई प्रकार के साक्षात्कार से गुजरना पड़ता है। कुछ कम्पनी/संस्था एक ही साक्षात्कार में उम्मीदवार का चयन कर लेते हैं, पर अधिकांश कम्पनियों में अन्य साक्षात्कार में सफलता के बाद एक अंतिम साक्षात्कार कम्पनी के सी ई ओ/डायरेक्टर/

चेयरमैन (कम्पनी के मुखिया) के साथ देना पड़ता है। इसका मुख्य उद्देश्य होता है–चयन किए गए उम्मीदवार से औपचारिक बातचीत के द्वारा उसके कुछ मानवीय व्यक्तित्वों का आकलन करना तथा संघटन के बारे में शर्तों और नियमों की जानकारी देना और कार्य व जिम्मेदारी तथा वार्षिक मानदेय के संबंध में समझौता करना। यह साक्षात्कार दोनों पक्षों के लिए आवश्यक होता है, ताकि दोनों ओर से हर प्रकार की सहमति हो।

## निकास साक्षात्कार (Exit Interview)

वास्तव में यह साक्षात्कार नौकरी देने के लिए नहीं, बल्कि नौकरी छोड़ने के वक्त कम्पनी के मानव–संसाधन विभाग के द्वारा ली जाती है। जब कम्पनी का कोई कर्मचारी या अधिकारी वहाँ से काम छोड़ता है तो कम्पनी के बारे में उसके विचार (feed-back) लिखकर देने होते हैं। कम्पनी में कार्य करने के बारे में अच्छे और बुरे सभी प्रकार के विचार देने होते हैं।

इस साक्षात्कार का उद्देश्य कम्पनी के लिए कार्य कर रहे लोगों की स्थिति में आवश्यक सुधार लाने का होता है। छोड़ने वाले कर्मचारी की टिप्पणियों के आधार पर कम्पनी अपने गुणों–अवगुणों और कार्यों पर विचार कर उसमें आवश्यकतानुसार परिवर्त्तन करता है, ताकि कम्पनी कर्मचारियों के साथ बेहतर प्रगति कर औद्योगिक जगत में अपना स्थान बना सके।

# 6

# साक्षात्कार : क्या करें, क्या ना करें

आधुनिक युग में जीवन के प्रत्येक क्षेत्र में अपनी अवस्थिति (Position) बनाने के लिए हमें प्रतिस्पर्धाओं/प्रतियोगिताओं का सामना करना पड़ता है। महिला या पुरुष सभी को अपने जीवन स्तर को बेहतर बनाए रखने के लिए अपने कैरियर निर्माण से इसके पड़ाव के बीच, अनेक बार साक्षात्कार का सामना करना पड़ता है। प्रत्येक व्यक्ति स्वयं को अपने पद के अनुसार तैयार करता है और सफलता प्राप्त करने का हर संभव प्रयास करता है। इसी संदर्भ में कुछ ऐसी बातें हैं, जिनका हमें साक्षात्कार की तैयारी और साक्षात्कार के दौरान बखूबी याद रखना चाहिए तथा उन पर अमल करना चाहिए। याद रहे, साक्षात्कार एक अवसर है, जिसका लाभ उठाना चाहिए।

## क्या करें

- ⇨ नौकरी तथा पद की माँग के अनुसार स्वयं को तैयार कर साक्षात्कार के लिए जाना चाहिए।

- ⇨ स्वयं को किसी भी हीन भावना और नकारात्मक सोच से दूर रखें। सकारात्मक सोच सफलता का पहला मूलमंत्र है।

- ⇨ साक्षात्कार के लिए जाते समय साफ, सामान्य, मर्यादित वस्त्र पहनना चाहिए।

- ⇨ नियत समय से कुछ पहले ही साक्षात्कार के लिए नियत स्थान पर पहुँचें ताकि आप रिलैक्स हो सकें, सहज महसूस कर सकें।

- ⇨ अपनी बारी आने पर साक्षात्कार कक्ष में शिष्टाचार पूर्वक प्रवेश करें।

- ⇨ कक्ष में प्रवेश करते ही साक्षात्कारकर्त्ताओं का मुस्कुराकर अभिवादन करें।

- ⇨ बैठने का आमंत्रण मिलने पर ही, धन्यवाद ज्ञापन करके सीट/कुर्सी पर बैठें।

- ⇨ अपने स्वभाव और हाव–भाव में स्वभाविकता बनाए रखें।

- ⇨ अपने साथ ले गए फाइल/दस्तावेजों को अपने पास संभाल कर रखें।

- ⇨ हल्की मुस्कुराहट के साथ सदस्यों की आँखों में सहजता से देखें।

- ➪ साक्षात्कारकर्त्ता की बातें / प्रश्नों को ध्यानपूर्वक सुनें।
- ➪ आराम से, सहजता के साथ संक्षिप्त रूप में किंतु पूरे वाक्य में अपना उत्तर दें।
- ➪ हमेशा सही जानकारी दें।
- ➪ उत्तर देते समय या बात करते समय अपने स्वर को मध्यम रखें।
- ➪ चेहरे से ऐसा प्रतीत होना चाहिए कि आप साक्षात्कारकर्त्ता के हर प्रश्न का स्वागत कर रहे हों।
- ➪ अपने अस्तित्व और इच्छा के बीच संतुलन रखना चाहिए।
- ➪ यदि किसी उत्तर के लिए आपको शाबाशी दी जाए तो तुरंत धन्यवाद ज्ञापन करें।
- ➪ यदि आपका उत्तर खारिज कर दिया जाए तो तुरंत खेद प्रकट करना / सॉरी कहना चाहिए।
- ➪ साक्षात्कार को गंभीरता से लेना चाहिए, यदि रुचि ना भी हो।
- ➪ साक्षात्कार एक द्वि–पक्षीय बातचीत / वार्त्तालाप होता है, अतः अपने विचार या उत्तर सम्मानपूर्ण और विनम्रता से रखना चाहिए।
- ➪ अपने विचारों की पुष्टि के लिए सही और संदर्भित उदाहरण देना चाहिए।
- ➪ यदि प्रश्नों को समझने में कोई कठिनाई हो तो उससे संबंधित जानकारी के लिए आग्रह करना चाहिए।
- ➪ यदि साक्षात्कारकर्त्ता आपको प्रश्न पूछने का अवसर दे, तो विनम्रता से उपयुक्त प्रश्न पूछना चाहिए।
- ➪ यह याद रखना चाहिए कि साक्षात्कार, चयन के लिए अंतिम प्रक्रिया है।
- ➪ जब साक्षात्कारकर्त्ता, साक्षात्कार समाप्त करने की बात कहें, तब सभी सदस्यों को मुस्कुराहट के साथ धन्यवाद करना चाहिए।
- ➪ आत्मविश्वास के साथ साक्षात्कार–कक्ष से बाहर निकलना चाहिए।
- ➪ साक्षात्कार के तुरंत बाद, साक्षात्कार के दौरान हुई गलतियों को याद कर, अच्छी बातों को नोट कर लेना चाहिए।
- ➪ साक्षात्कारकर्त्ता को धन्यवाद–पत्र भेजना चाहिए।

## क्या ना करें

- ➪ अत्यंत विश्वास (over confident) और घबड़ाहट को पास ना आने दें।
- ➪ साक्षात्कार कक्ष में प्रवेश करते हुए शरीर को एकदम ना ही झुकाएँ और ना ही एकदम तन कर रहें।

➭ साक्षात्कारकर्त्ता के द्वारा कुर्सी पर बैठने का आदेश देने पर धन्यवाद ज्ञापन करना ना भूलें।

➭ अपने निजी फाइल या किसी वस्तु को सामने की मेज पर ना रखें।

➭ चेहरे पर कृत्रिमता का भाव ना आने दें।

➭ साक्षात्कारकर्त्ता को बोलने के क्रम में टोकें नहीं।

➭ उनका पूरा प्रश्न सुनकर, समझकर शांति से उत्तर दें, ना कि हड़बड़ाकर।

➭ उत्तर देते हुए चेहरे पर उदासीनता व हताशा का भाव ना आने दें।

➭ प्रश्न का उत्तर देने से बचें नहीं।

➭ उत्तर देते समय असंगत तर्क और असंगत उदाहरण ना दें।

➭ उत्तर देते समय ऐसे शब्दों का प्रयोग न करें, जिससे दंभ या चाटुकारिता का अहसास हो।

➭ किसी भी संदर्भ में संदेह एवं अनिश्चय प्रकट ना होने दें।

➭ किसी भी कारणवश अभ्यर्थी को उत्तेजित या विचलित नहीं होना चाहिए।

➭ क्लिष्ट/कठिन शब्दों का प्रयोग ना करें, जो समझ में ना आये।

➭ उपहास का पात्र न बनें।

➭ उच्चारण एवं आवाज तेज और ऊँची ना करें।

➭ हॉबी और रुचि के बारे में बढ़ा–चढ़ाकर ना बोलें।

➭ साक्षात्कारकर्त्ता द्वारा पूछे गए प्रश्नों को दुहराएं नहीं।

➭ ऐसी अभिव्यक्ति ना करें कि साक्षात्कार जल्दी समाप्त करने का अहसास हो।

➭ कम्पनी छोड़ने या बदलने का कारण सोच समझ कर दें। कभी भी खराब बॉस, कम वेतन, बहुत अधिक काम या उत्तरदायित्व जगह या उन्नति के कम अवसर आदि का कारण ना दें।

➭ बहुत जरूरत होने पर भी नौकरी के प्रति अत्यधिक उत्साह या ज्वाइन करने की जल्दबाजी ना दिखाएँ।

➭ अपने वर्त्तमान या पूर्व (एम्प्लायर) नियोक्ता, अधिकारी बॉस या कलिग के बारे में साक्षात्कार के दौरान बात ना करें।

➭ किसी प्रश्नों की आधी–अधूरी या अपुष्ट जानकारी होने पर इधर–उधर की बातों से साक्षात्कारकर्त्ता को भ्रमित करने की कोशिश ना करें।

➪ साक्षात्कारकर्त्ता द्वारा प्रेरित किए जाने या प्रशंसा किए जाने पर प्रसन्न ना होकर, मुस्कुराकर धन्यवाद करें।

➪ साक्षात्कार के समय किसी भी प्रकार की स्थिति का सामना करने से घबराना या भागना नहीं चाहिए।

➪ अपनी निजी समस्याओं का वर्णन कर सहानुभूति बटोरने का प्रयास ना करें।

➪ अपने मोबाइल फोन को बंद रखें, उसका उपयोग गलती से भी ना करें।

➪ किसी बड़े ओहदे पर नियुक्त अपने किसी संबंधी का परिचय ना दें।

➪ जब तक साक्षात्कारकर्त्ता कोई निर्देश (indication) ना दे, तब तक वेतन या किसी भत्ते के बारे में बात ना करें।

➪ साक्षात्कार समाप्त होने पर धन्यवाद ज्ञापन कर मुस्कुराकर विनम्रता से कुर्सी छोड़ें, हड़बड़ाकर बाहर ना निकलें, दरवाजा जोर से बंद ना करें।

➪ साक्षात्कारकर्त्ता को फॉलो–अप–लेटर लिखना ना भूलें।

वस्तुतः साक्षात्कार एक चुनौती भी है और कला भी। कुछ आवश्यक तैयारी के साथ अभ्यर्थियों को अपनी सकारात्मक सोच के साथ धनात्मक (पॉजिटिव) सोच का सही उपयोग करना चाहिए ताकि नौकरी के अवसर से वह चूके नहीं। वस्त्रों को लेकर, अपने मेकअप को लेकर या अपने व्यक्तित्व को लेकर आवश्यकता से अधिक सजग नहीं होना चाहिए कि पूरा व्यक्तित्व असहज प्रतीत हो। एक महत्वपूर्ण बात, हमेशा ध्यान में रखना चाहिए कि सामने बैठा साक्षात्कारकर्त्ता, परीक्षक है, जो उसके व्यक्तित्व व ज्ञान की जाँच करने बैठा है। कभी भी प्रश्न के जवाब में प्रश्न ना करें कि उसके अंह को ठेस पहुँचे। कभी–कभी साक्षात्कारकर्त्ता धर्म, सरकारी नीति आदि के बारे में प्रश्न पूछते हैं, ऐसे प्रश्नों के उत्तर देने में सतर्कता बरतनी चाहिए और विवेकपूर्ण संक्षिप्त उत्तर देने चाहिए, क्योंकि ये मसले अत्यधिक नाजुक और मतांतर युक्त होते हैं। परीक्षकों को अपना हितैषी समझकर उनके विचारों को शांति व विनम्रता से सुनकर अपना मंतव्य जाहिर करना चाहिए। कभी ऐसा भी होता है कि साक्षात्कारकर्त्ता अभ्यर्थी के सही उत्तर को गलत बताता है। ऐसे में संयम से स्पष्ट उद्धरण या उदाहरण देकर विनम्रता के साथ अपनी बात साबित करनी चाहिए। अभ्यर्थी के हाथ और मस्तिष्क में सफलता की कुँजी होती है, बस आगे बढ़कर सफलता के बंद दरवाजों को खोलना होता है।

✩ ✩ ✩

# साक्षात्कार : सफलता की राह

जन्म से मृत्युपर्यन्त जीवन एक संघर्ष है। चलना और चलते रहना—चरैवेति, चरैवेति, हमारे जीवन का ध्येय और कर्म, दोनों है। चलना और चलते रहना—मंजिल पाने की दिशा में और मंजिल पर पहुँचकर उसकी ऊँचाई तक पहुँचने के लिए, चलना—सार्थक हो, निरर्थक नहीं। स्पष्ट जीवन—लक्ष्य निर्धारित कर समूचे विश्व के साथ जीवन के दौड़ में प्रतिभागी बनना और प्रतियोगिता जीतना यही चलने का वास्तविक सोपान है। जीवन चुनौतीपूर्ण है। इसे सकारात्मक ऊर्जा व भाव के साथ स्वीकारना ही चलना है, और जब इस भाव से कोई व्यक्ति चलता है, तो वह दुनियाँ की भीड़ का हिस्सा नहीं, वरण् किसी सार्थक रैली का सही नेता होता है। भीड़ का हिस्सा ना बनकर अपनी योग्यताओं व क्षमताओं के अनुरूप अपना लक्ष्य निर्धारित कर आत्मविश्वास के साथ आगे बढ़ना सही व्यक्तित्व की पहचान है। आत्म—चिंतन और मंथन के द्वारा अपनी आंतरिक व मानसिक शक्तियों के द्वारा अपने लिए विषम परिस्थितियों में भी राह बनाना और उस पर चलकर अपने लक्ष्य को प्राप्त करना ही सफल होना है। इच्छाशक्ति, धैर्य, संतुलन, दृढ़ता, मेहनत आदि के बल पर मनुष्य कुछ भी हासिल कर सकता है, असंभव को संभव बना सकता है। इतिहास साक्षी है इस बात का, उदाहरण सामने है—नेपोलियन से गाँधी तक।

जब व्यक्ति अपने लिए एक लक्ष्य निर्धारित करता है, तब उसे उसकी आंतरिक शक्ति उस ओर बढ़ने के लिए प्रेरित करती है। लक्ष्य की तरफ बढ़ना, लक्ष्य को पाने की दिशा में पहला कदम मात्र होता है। इसके लिए समय के साथ अपने कार्य की योजना बनाना और उसे सुचारु रूप से कार्यान्वित करना लक्ष्य को पाने व सफल होने के लिए अत्यंत आवश्यक हैं। व्यक्ति के जीवन में कैरियर अत्यंत महत्त्वपूर्ण होता है और इसके लिए उसे शैक्षिक जीवन में ही तय करना होता है कि उसे क्या करना है? जब वह भविष्य के लिए आजीविका तय करता है, तो उसे प्राप्त करने के लिए अपनी तैयारी शुरू करता है, जैसे—अपनी योग्यता एवं अपनी पसंद के अनुकूल कैरियर का

चुनाव, उसके लिए प्रायोजित विभिन्न प्रकार की परीक्षाओं के बारे में सामग्री इकट्ठा करना, प्रवेश–परीक्षा में बैठने के लिए अनिवार्य फार्म भरना तैयारी करना आदि। आजकल अधिकतर नौकरियों के लिए लिखित और मौखिक दोनों परीक्षाएँ हुआ करती हैं। मौखिक परीक्षा, लिखित परीक्षा में सफलता हासिल करने के बाद होती है। यही मौखिक परीक्षा साक्षात्कार है। साक्षात्कार का मुख्य उद्देश्य होता है–लिखित परीक्षा में सफल व्यक्ति के सामान्य ज्ञान व व्यक्तित्व का परीक्षण तथा उस व्यक्ति के अंदर कार्य करने एवं कार्य को सफलता पूर्वक पूरा कर संघटन विशेष के लिए फायदेमंद होने  या न होने का परीक्षण। व्यक्तित्व में समाहित सभी बिंदुओं का सम्यक् मूल्यांकन कर उसे योग्य करार दिया जाता है। कहा जा सकता है कि साक्षात्कार में सफलता प्राप्त करने के लिए कुछ अत्यंत आवश्यक मानदंड हैं, जिनके बारे में सोचना, उसे स्वयं के लिए और स्वयं के अंदर तैयार करना, तथा उस पर अमल करना आवश्यक होता  है।

(*i*) **व्यक्तित्वः** व्यक्तित्व का सीधा और सही अर्थ है, व्यक्ति विशेष के बाह्य एवं आंतरिक रंग–रूप। दोनों के ही कई आयाम हैं। बाहरी रंग–रूप में, व्यक्ति विशेष का स्वरूप (गोरा, काला, साँवला, लम्बा, नाटा, मोटा आदि), रहन–सहन, पहनावा, शिक्षा–दीक्षा, बोल–चाल, अभिव्यक्ति व्यवहार, शौक आदि का समावेश होता है, जबकि आंतरिक रंग–रूप में व्यक्ति विशेष का आत्मविश्वास, चरित्र, धैर्य, साहस, प्रतिभा, स्वभाव, शिष्टाचार, कार्य के प्रति समर्पण, मानसिक संतुलन, नेतृत्व के गुण, निर्णय लेने की क्षमता, स्मरण–शक्ति, सकारात्मक सोच आदि प्राकृतिक गुण समाहित होते हैं। प्रसिद्ध मनोवैज्ञानिक अल्फ्रेड बिनेट्स के अनुसार–*Personality is the sum and organisation of those traits which determine the role of an individual in a group.* अर्थात व्यक्तित्व उन विशेषताओं का समूह या योग है जिसके द्वारा समाज में एक व्यक्ति विशेष की भूमिका निर्धारित की जाती है। जीवन की किसी भी परीक्षा और साक्षात्कार में सफलता प्राप्त करने के लिए व्यक्तित्व में इन गुणों का सम्यक् एवं सहज उपस्थिति अपेक्षित एवं अनिवार्य है। सबसे पहले हम बाहरी रंग–रूप की चर्चा करते हैं। व्यक्ति का काला–गोरा या साँवला होना, लंबा, नाटा या मोटा होना प्रकृति पर निर्भर है, यह व्यक्ति के स्वयं के वश में नहीं होता। किंतु शिक्षा, दीक्षा, बोलचाल, व्यवहार, शौक, रहन–सहन, पहनावा अपने हाथ में होता है। आवश्यकता और मानवीय गुणों के अनुसार इन सबका जीवन में कैसे उपयोग किया जाए, यह व्यक्ति पर निर्भर करता  है।

*(ii)* **शिक्षा:** प्रत्येक व्यक्ति अपनी रुचि एवं क्षमता के अनुसार उच्च शिक्षा प्राप्त करता है। सामान्य रूप से समाज में एक सामान्य शिक्षा–विद्यालयी शिक्षा सबके लिए आवश्यक है। विद्यालय में ही प्रत्येक बालक अपनी शिक्षा की दिशा अपनी रुचि के अनुसार मोड़ता है और उस दिशा में आगे बढ़ता है एवं पात्रता के आधार पर व्यक्ति प्रतियोगिता परीक्षा एवं साक्षात्कार में उपस्थित होता है।

*(iii)* **व्यवहार:** व्यक्ति विशेष का आम जीवन में सामान्य व्यवहार होता है। परंतु खास अवसर एवं कार्य के अनुसार एक सामान्य व्यक्ति का व्यवहार शिष्ट, सम्यक् सहज और अनुशासित होना चाहिए। विशेषकर साक्षात्कार जो हमारे भविष्य के निर्माण एवं लक्ष्य–पूर्ति की राह में एक बहुत बड़ा अवसर होता है, वहाँ, उस समय अभ्यर्थी की उपस्थिति, उसका आचरण, खड़े होने, बैठने, बोलने आदि का तरीका महत्वपूर्ण होता है। अभ्यर्थी की गतिविधि अनुशासित होनी चाहिए, उसमें किसी भी प्रकार का अहंकार एवं दिखावा नहीं होना चाहिए औपचारिकता होनी चाहिए अतिशय औपचारिकता नहीं। साक्षात्कार कक्ष में प्रवेश करने से लेकर वहाँ से बाहर जाने तक संतुलित एवं सहज व्यवहार होना चाहिए।

*(iv)* **शिष्टाचार:** इसका सीधा सा अर्थ है सौम्य–सभ्य, शालीन आचरण जिसका हमारे जीवन में हर कदम पर महत्व है। साक्षात्कार में भी इसका खास महत्व है जैसे– चाल में भद्रता, व्यवहार में शालीनता, वाणी में मधुरता, सामने वाले की बात को ध्यान से सुनना, सहजता किंतु दृढ़ता से अपने उत्तर एवं बात को रखना आदि। साक्षात्कार कक्ष में प्रवेश कर साक्षात्कारकर्त्ताओं का अभिवादन करना, धन्यवाद ज्ञापन करना, अपने अंगों को स्वाभाविक रूप से रखना (पैर हिलाना, सिर खुजाना, नाखून कुतरना, कलम या अँगुलियों को घुमाना आदि–अस्वाभाविक व्यवहार के लक्षण हैं।) साक्षात्कारकर्त्ता द्वारा पूछे गए सभी प्रश्नों का सलीके से सहज उत्तर देना–शिष्टाचार के अंतर्गत आते हैं। शिष्टाचार के माध्यम से अभ्यर्थी साक्षात्कारकर्त्ता के सामने अपनी अच्छी छवि बनाने में सफल होता है।

*(v)* **शारीरिक भाषा:** शरीर के विभिन्न अंगों की आकृति, चेहरे की अभिव्यक्ति, आवाज, आँखें, भौंह आदि सभी कुछ व्यक्ति–विशेष के व्यक्तित्व और उसके अंदर के आत्मविश्वास के स्तर को दर्शाता है। ये चीजें साक्षात्कार में महत्वपूर्ण होती हैं और व्यक्ति की छवि को प्रथम दृष्टि में आँकने में मदद करती हैं। शरीर के हाव–भाव और आकृतियाँ सकारात्मक और नकारात्मक हो सकती हैं, और धनात्मक तथा ऋणात्मक ऊर्जा का संचार कर सकती हैं। धनात्मक ऊर्जा जहाँ सफलता दिला सकती है, वहीं ऋणात्मक ऊर्जा कैरियर को चौपट कर सकती हैं। कुछ व्यक्ति संदेह या दुविधा में

दिखते हैं, जब वे बोलते हैं; कुछ अपने चेहरे पर बात–बात में आश्चर्य की मुद्रा बनाते हैं। कुछ पूरा होंठ खोलकर, दाँत निकालकर हँसते हैं, कुछ बीच–बीच में गले को साफ करते हैं, अपनी अँगुलियों को बालों में घुमाते हैं, बाहों को क्रॉस करके तन कर बैठते हैं, पैरों को हिलाते हैं, छत की ओर या जमीन की ओर देखकर प्रश्नों के उत्तर देते हैं। ये सभी हाव–भाव घबड़ाहट, नकारात्मक सोच, आत्मविश्वास की कमी आदि को दर्शाती हैं; ऋणात्मक उर्जा का संचार करती हैं। ये अभ्यर्थी के कैरियर को समाप्त करने के लिए काफी होती हैं। कहीं कुछ गलत ना हो जाए, इसके भय से गला सूखता हो या ओठ सूखता हो और साक्षात्कारकर्त्ता चाय / कॉफी या पानी ऑफर करें तो स्वयं को संभालकर धन्यवाद कहना चाहिए; अत्यधिक आवश्यकता हो तो सहजता से, पानी का ग्लास लेकर पानी का घूँट पीना चाहिए। अपने इस डर पर विजय प्राप्त करने के लिए साक्षात्कार का रिहर्सल दोस्तों या परिवार के सामने कर लेना चाहिए, ताकि साक्षात्कार में कोई डर या झिझक ना हो। घबड़ाहट और डर को कम ही नहीं बल्कि एकदम समाप्त किया जा सकता है। इसके लिए बस कुछ स्वाभाविक तरीकों का अभ्यास करना होता है।

➱ शीशे / दर्पण के सामने साक्षात्कार का अभ्यास करना चाहिए।

➱ अभिवादन, धन्यवाद, चेहरे की मुस्कुराहट सभी का रिहर्सल करना चाहिए।

➱ कपड़ों का चुनाव कर पहले से ही उसको पहन कर देखना चाहिए।

➱ अपनी नौकरी और विषय से संबंधित कठिन–से–कठिन प्रश्नों को खुद से सोचना चाहिए और उसका उत्तर ढूँढ़ना चाहिए।

➱ साक्षात्कार कक्ष की कल्पना कर ऐसी स्थितियों के बारे में सोचना चाहिए जहाँ आपका मजाक उड़ाया जा रहा हो, या कुछ ऐसा कहा जाए जो आप बरदाश्त ना कर सकें–और स्वयं को शांत, स्थिर और संतुलित बनाए रखने की कोशिश करें।

सहजता बनाए रखना और होठों पर सामान्य सी मुस्कुराहट से कैसा भी वातावरण हो, सामान्य हो जाता है और अपने अंदर की घबड़ाहट तथा क्रोध भी समाप्त हो जाता है। ऐसा तभी हो सकता है, जब आप सकारात्मक और अच्छा सोचेंगें तथा अपने मुख–मुद्रा (facial expression) को संतुलित बनाए रखेंगे।

(vi) **वार्त्तालापः** जीवन में बातचीत / वार्त्तालाप का महत्त्वपूर्ण स्थान है। व्यक्ति अपनी वाक्–क्षमता और शब्दों की अभिव्यक्ति से जीवन में बड़े–बड़े काम कर सकता है अतः शिष्ट, सौम्य और मधुर शब्दों के साथ अपने विचारों की अभिव्यक्ति के द्वारा अभ्यर्थी साक्षात्कार में भी सफल हो सकता है। वार्त्तालाप और विचारों की अभिव्यक्ति

के द्वारा वह साक्षात्कारकर्त्ता पर विशिष्ट छाप छोड़ सकता है। साक्षात्कार में पूछे गए प्रश्नों के सटीक उत्तर कम व प्रभावी शब्दों में सहजता के साथ अपनी सरल शैली में देना, उत्तर देते समय चेहरे का भाव सहज / सौम्य रखना, बनावटी भाषा, लच्छेदार भाषा, क्लिष्ट शब्दों का प्रयोग नहीं करना ही व्यक्ति / अभ्यर्थी की वाक्-क्षमता और भाषा की अभिव्यक्ति को व्यक्त करता है। अभिव्यक्ति की क्षमता संवाद की कला / गुण पर निर्भर है। अभ्यर्थी के सुंदर व्यक्तित्व का एक हिस्सा होता है उसके बातचीत करने का अंदाज और कला। ज्ञान के साथ तकनीकी एवं व्यवसायिक गुणों को अपनी वाक्-कला के द्वारा सामने वाले के समक्ष कुछ इस प्रकार प्रस्तुत करना कि वह प्रभावित हो जाए और व्यक्ति के पक्ष में बोलने को मजबूर हो जाए–वाणी की ऐसी अभिव्यक्ति सफलता को करीब लाने में अत्यंत सहायक होती हैं। साक्षात्कार में साक्षात्कारकर्त्ता अभ्यर्थी के बारे में तो जानना चाहता ही है, साथ ही अन्य तथ्यों को विस्तार से बताने की कला व तौर–तरीकों को भी जानना चाहता है, इसलिए वह अभ्यर्थी के हर प्रजेंटेशन को सूक्ष्मता से देखता है।

संवाद की कला / गुण को प्रभावी बनाने के लिए 6 'सी' (c) बहुत मायने रखते हैं–

    1. Clarity = स्पष्टता, 2. Completeness = पूर्णता, 3. Conciseness = संक्षिप्तता, 4. Confidence = विश्वास, 5. Correctness = शुद्धता, 6. Courteousness = शिष्टतापूर्ण

अतः अभ्यर्थी को साक्षात्कार की तैयारी करते समय ही कुछ आवश्यक बिंदुओं पर ध्यान देना चाहिए–

- ❖ आत्मविश्वास से भरा उत्तर
- ❖ स्वाभाविक और सहज भाषा का प्रयोग
- ❖ स्पष्ट एवं सही उच्चारण
- ❖ सरल, सहज वाणी का प्रयोग
- ❖ तथ्यों का समुचित ज्ञान
- ❖ अपने विषय–वस्तु से संबंधित शब्दों का भंडार
- ❖ संक्षिप्त किंतु पूर्ण वाक्य का प्रयोग
- ❖ अपने उत्तर की व्याख्या करने के लिए संदर्भित उदाहरण
- ❖ वाक्य बोलते समय ठहराव और पूर्ण विराम पर ध्यान देना
- ❖ तेजी से या धीमी गति से नहीं बोलना
- ❖ अधिकतर पॉजिटिव बिंदुओं को उजागर करना
- ❖ तथ्यों पर बल देना

- ❖ आवश्यकता पड़ने पर किसी बातों पर जोर देना, वह भी शिष्टाचार के माध्यम से
- ❖ तर्क–वितर्क से बचना
- ❖ फुसफुसाहट या हकलाहट वाली आवाज में नहीं बोलना
- ❖ साक्षात्कारकर्त्ता की आँखों में देखकर आत्मविश्वास से भरा उत्तर देना
- ❖ यदि कहीं कुछ ना समझ में आए तो आग्रह करना
- ❖ और सबसे बड़ी बात, नपे–तुले शब्दों में कम बोलना, साक्षात्कारकर्त्ता की बात को पूरी तरह सुनना और समझना, तब उत्तर देना।

शब्दों के साथ अपने चेहरे के हाव–भाव और हाथों की भंगिमाओं का तालमेल होने से प्रश्नों के उत्तर आत्मविश्वास से पूर्ण होते हैं और साक्षात्कारकर्त्ता को प्रभावित करते हैं। किसी विषय पर तर्क–वितर्क भी करना पड़े तो सहज–संतुलित भाषा का प्रयोग कर साक्षात्कारकर्त्ता के साथ वैचारिक सामंजस्य बनाने की कोशिश करनी चाहिए। उपर्युक्त सारी बातें यदि अभ्यर्थी अपने स्वभाव में ग्रहण कर ले तो साक्षात्कार में आधी सफलता तो निश्चित ही है। शब्दों का उचित एवं उपयुक्त तरीके से यदि प्रयोग नहीं किया जाए तो तकनीकी गुण और प्रतिमा सब बेकार हो जाती है, अतः शब्दों की गरिमा बनाए रखना चाहिए।

*(vii)* **शौक एवं रुचि:** प्रत्येक व्यक्ति के शौक भिन्न होते हैं। साक्षात्कार में व्यक्तिगत शौक का उतना महत्त्वपूर्ण स्थान नहीं है, किंतु कुछ शौक ऐसे होते हैं, जिसकी महत्ता कार्य–क्षेत्र एवं रोजगार में भी होती है, जैसे–फुटबॉल या क्रिकेट खेलना, क्रियात्मक/रचनात्मक लेखन, कलाकृति बनाना आदि। अभ्यर्थी को अपने बायोडाटा में अपने शौक का उल्लेख करते हुए सतर्क रहना चाहिए। बायोडाटा में उल्लिखित चीजों पर ही साक्षात्कारकर्त्ता प्रश्न पूछते हैं, और व्यक्तिगत शौक का उल्लेख अक्सर अभ्यर्थी को हँसी का पात्र बना देते हैं। यदि साक्षात्कारकर्त्ता शौक से संबंधित प्रश्न पूछते हैं, और अभ्यर्थी यदि संतोषप्रद उत्तर नहीं दे पाता है, तो यह अभ्यर्थी के लिए अच्छा नहीं बल्कि बुरा प्रभाव छोड़ता है। इसलिए जिस शौक या जिस कला में अभ्यर्थी निपुण हो, उसके बारे में गहरी जानकारी हो, उससे वह लाभान्वित हुआ हो, उसी के बारे में उल्लेख करना चाहिए तभी उसका शौक लाभदायक होता है, और साक्षात्कारकर्त्ता पर प्रभाव छोड़ता है। अभ्यर्थी को एक और स्थिति में शौक की बदौलत लाभ मिलता है, जब अभ्यर्थी का शौक एवं साक्षात्कारकर्त्ता का शौक मिलता हो।

(*viii*) **पहनावा:** किसी भी साक्षात्कार में अभ्यर्थी के व्यक्तित्व को आकर्षक एवं प्रभावशाली बनाने में वेश–भूषा का अत्यंत महत्व होता है। मौसम एवं अवसर के अनुकूल वेश–भूषा धारण करने से व्यक्तित्व में निखार आता है और व्यक्ति विशेष के कॉमन सेन्स का पता चलता है। रंग, डिजाइन और शैली के अनुसार बने रुचिगत पोशाक व्यक्ति के व्यक्तित्व को आकर्षण देते हैं। साक्षात्कार के समय कौन से रंग, और किस शैली के पोशाक पहने जाएँ, अभ्यर्थी के लिए यह जानना अत्यंत आवश्यक है। चमकीले और गहरे रंग के पोशाक साक्षात्कार के लिए सही नहीं होते हैं। हल्के (Sobour) रंग और ऑफिशियल पोशाक साक्षात्कार के लिए सही होते हैं, ये सौम्य छवि बनाते हैं।

हालाँकि पोशाक और पहनावे की वजह से कोई व्यक्ति साक्षात्कार में सफल या असफल नहीं होता है, लेकिन अभ्यर्थी की छवि बनाने, उसे सहजता प्रदान करने में पोशाक अत्यंत आवश्यक होता है, और इसकी वजह से असफलता की ओर अभ्यर्थी एक कदम अवश्य बढ़ता है। साक्षात्कार के लिए वेश–भूषा से तात्पर्य है, अभ्यर्थी के कपड़े, जूते–मोजे / चप्पल, केश–विन्यास (hair style) और मेकअप आदि। वस्त्रों के प्रति अभ्यर्थी को कुछ बातों का ध्यान रखना आवश्यक होता है, जैसे–वस्त्र का रंग शरीर व अवसर के अनुकूल हो, शारीरिक बनावट के अनुरूप हो और मौसम के अनुकूल हो।

साक्षात्कार में व्यक्ति के बाह्य स्वरूप को प्रभावशाली बनाने में परिधान / पोशाक का बहुत महत्व होता है। मौन रहकर भी परिधान बहुत कुछ कह जाता है, व्यक्ति को परिभाषित कर जाता है। कुछ लोग नए एवं कीमती वस्त्रों को पहनकर साक्षात्कार के लिए जाते हैं। वे यह भूल जाते हैं कि नए एवं कीमती वस्त्रों के प्रति वे जरूरत से ज्यादा सचेत हो सकते हैं, लेकिन आराम / सहजता महसूस नहीं कर सकते हैं इससे उनका ध्यान साक्षात्कार से हटकर स्वयं पर ज्यादा हो सकता है, और यह उनके लिए अच्छा नहीं हो सकता है। साक्षात्कार जैसे विशेष अवसर के लिए आरामदायक और अपने पर जँचनेवाले मर्यादित और सौम्य वस्त्र पहनने चाहिए। पुरुष अभ्यर्थी को हल्के किंतु अच्छे रंगों के आफिशियल शर्ट / कमीज, नीली / काली या शर्ट से मैच करने वाली रंग के पतलून तथा मैचिंग की टाई पहननी चाहिए। उजले या काले रंग के जुराब के साथ काले जूते पहनने चाहिए। जाड़े के दिनों में आफिशियल गर्म सूट या ब्लेजर पहनने चाहिए। पुरुषों के परिधान में अत्यधिक विश्लेषण की आवश्यकता नहीं होती है, बस सही ढंग से इस्तिरी किए हुए हल्के रंग की अच्छी कमीज के साथ पतलून की

आवश्यकता होती है, पर महिला अभ्यर्थी के वस्त्रों में अधिक विश्लेषण एवं सचेतनता की आवश्यकता होती है। महिला अभ्यर्थी को अपने डील–डौल के अनुसार सौम्य वस्त्र पहनना चाहिए। देश, मौसम एवं फैशन के अनुसार महिलाओं के कपड़ों में विविधता एवं विभिन्नता होती है, किंतु प्रायः भारतीय महिलाओं का परिधान पूरे देश में लगभग एक जैसा ही है; और वह है साड़ी–ब्लाउज। क्षेत्रों के अनुसार साड़ी को भी पहनने का अपना–अपना अंदाज और विभिन्न शैलियाँ हैं। पर्व–त्योहारों या पार्टी आदि के लिए चमकीली–भड़कीली साड़ियों का चयन लाजिमी होता है, किंतु स्कूल–कॉलेजों या साक्षात्कार–भवन में जाने के लिए हल्की किंतु सुंदर, शरीर के रंग के अनुरूप सूती–रेशमी साड़ियों का चुनाव आवश्यक होता है। लड़कियाँ आजकल सलवार–कमीज, स्कर्ट–टॉप या जींस–पेंट भी पहनकर साक्षात्कार में शामिल हो जाती हैं। बड़ी–बड़ी कंपनियों/एम एन सी में महिला अभ्यर्थियों के लिए भी कमीज एवं पतलून पहनकर आना आवश्यक होता है।

तात्पर्य यह कि कम्पनी की माँग, देश–काल और अवसर को मद्देनजर रखते हुए वस्त्रों का चुनाव करना चाहिए। वस्त्रों से अशिष्टता और असभ्यता का भान नही होना चाहिए। वस्त्र/परिधान ऐसे होने चाहिए कि शारीरिक सौंदर्य मर्यादित एवं आकर्षक दिखे। व्यक्तित्व में आत्मविश्वास पैदा करे। अधिक साज–सज्जा न हो, मेकअप बिल्कुल हल्का हो, बालों की शैली सौम्यता लिए और सहज हो, अनावश्यक आभूषणों का प्रयोग न हो, सूट, कोट, ब्लेजर, या कार्डिगन के बटन ठीक ढंग से लगे हों–इन सबका ध्यान रखना चाहिए। बाल खुले या बिखरे न हों, गजरे या फूल न लगाएं, वस्त्रों पर तेज गंध वाले इत्र न लगाएँ–इन सबका ध्यान रखना चाहिए। शरीर एवं चाल के अनुसार जूते या चप्पल/सैंडिल का उपयोग करना चाहिए। पुरुष अभ्यर्थी के लिए सामान्यतया जूते का प्रयोग ही उचित होता है। महिलाएँ अपनी रुचि के अनुसार सैंडिल इस्तेमाल करती हैं। साक्षात्कार–हॉल में प्रवेश करने से पहले ही धूप–चश्मे को उतार लेना चाहिए, इससे अभ्यर्थी हँसी का पात्र नहीं बनता है। कुछ लोग चश्मे को बाल के ऊपर सिर पर खोंस लेते हैं ऐसा नहीं करना चाहिए।

जैसा कि हम जानते हैं कि साक्षात्कार के जरिए अभ्यर्थी के व्यवहारिक ज्ञान, सभी परिवेश में रहने–सहने की कला की भी परीक्षा होती है, अतः अभ्यर्थी को स्मार्ट दिखने की कोशिश करनी चाहिए और अपने परिधान एवं मेक–अप आदि से व्यक्तित्व को सहज एवं आकर्षक लुक देना चाहिए। साक्षात्कारकर्त्ता के सामने जाते ही उसकी छवि ऐसी होनी चाहिए कि आगे की प्रक्रिया स्वतः स्फूर्त हो जाए।

*(ix)* **योग्यता:** साक्षात्कार में शामिल होने के पूर्व या कहें कि अपना बायोडाटा भेजने के पहले ही अभ्यर्थी को रोजगार के अनुसार अपनी योग्यता को परख लेना चाहिए। नौकरी के लिए योग्यता मुख्यतः दो प्रकार की होती हैं: अनिवार्य एवं वांछित। अनिवार्य योग्यता में अभ्यर्थी की शैक्षणिक योग्यता एवं नागरिकता आदि होते हैं; तथा वांछित योग्यता में विषय–वस्तु विशेष तथा तकनीकी/व्यवसायिक योग्यता होते हैं, जो नौकरी विशेष के लिए अत्यंत आवश्यक होते हैं, साथ ही संगठन या कम्पनी विशेष की माँग के अनुसार होते हैं। वांछित योग्यता अभ्यर्थी और रोजगार दोनों पर निर्भर करती है। अभ्यर्थी अपनी तकनीकी योग्यता के अनुसार नौकरी ढूँढ़ता है, और नौकरी विशेष की भी अपनी माँग होती है। कभी–कभी नौकरी में शारीरिक योग्यता की भी माँग होती है। ये अनिवार्य रूप से सेना/पुलिस आदि की नौकरी में होते हैं, पर आजकल कंपनियों में नौकरी के लिए शारीरिक फिटनेस की योग्यता माँगी जाती है। तात्पर्य यह कि प्रत्येक नौकरी के लिए कुछ आवश्यक योग्यताओं का होना निश्चित किया जाता है–अभ्यर्थी को उनके अनुसार स्वयं को बहुत अच्छी तरह तैयार करना चाहिए ताकि दौड़ में वह सफल हो सके। पूरी तरह से योग्य महसूस करने से अभ्यर्थी स्वयं को आत्मविश्वास के साथ साक्षात्कारकर्त्ता के सामने प्रस्तुत कर पाता है।

*(x)* **सामान्य एवं सहज ज्ञान:** व्यक्ति विशेष में कुछ अपने गुण होते हैं, जिससे वह किसी भी समय व किसी भी परिस्थिति में अपने सामने आये प्रश्नों का उत्तर देने में समर्थ होता है। समस्याओं को सूझ–बूझ के साथ सुलझाने में सफल होता है। यह व्यक्ति–विशेष का स्व–सहज ज्ञान होता है, जिससे वह तत्क्षण प्रश्नों के उत्तर दे पाता है या समस्यात्मक पहलू को सुलझा सकता है। इस ज्ञान के द्वारा व्यक्ति उन प्रश्नों का उत्तर दे सकता है, जिसे उसने किसी भी पुस्तक/अखबार या पत्र–पत्रिकाओं में नहीं पढ़ा हो, उसे उसके बारे में कुछ पता न हो। सहज ज्ञान व्यक्ति के अंदर अपने परिवेश या व्यक्तित्व के अनुसार उपजता है, जो अत्यंत उपयोगी होता है–व्यक्तित्व को निखारने एवं सँवारने में, साथ ही भौतिक जगत में सफलता प्राप्त करने में। सामान्य ज्ञान व्यक्ति विशेष द्वारा अर्जित की जाती है। अपने परिवेश–सामाजिक, सांस्कृतिक, राजनीतिक, पर्यावरण संबंधी, विज्ञान संबंधी–सभी के बारे में जानना और सूक्ष्म–से–सूक्ष्म ज्ञान रखना ही सामान्य ज्ञान के अंतर्गत आता है।

आज छोटे से बड़े–सभी पदों के लिए सामान्य–ज्ञान की, एक अनिवार्य पत्र के रूप में परीक्षा ली जाती है। बैंक–क्लर्क से लेकर उच्च प्रशासनिक पदों के लिए सामान्य–ज्ञान की परीक्षा अत्यंत अनिवार्य होती है। अतः व्यक्ति ज्योंही रोजगार ढूँढ़ने

के क्षेत्र में अपने कदम रखता है, त्योंही सामान्य–ज्ञान की तैयारी शुरू कर देनी चाहिए। हालाँकि अब तो स्कूल–स्तर से ही सामान्य–ज्ञान की पढ़ाई और परीक्षा शुरू कर दी गई है, ताकि बच्चों को धीरे–धीरे इसकी आदत पड़ जाए और अचानक उसका सामना करने पर वह घबड़ाए नहीं। सामान्य ज्ञान में सामान्यतः क्षेत्रीय, राष्ट्रीय–अंतर्राष्ट्रीय सामाजिक, राजनीतिक, सांस्कृतिक सभी प्रकार के दैनंदिन ज्ञान अभ्यर्थी को बिल्कुल अद्यतन रखने होते हैं। इसके लिए आज बाजार में अनेक पुस्तकें उपलब्ध हैं। अभ्यर्थी रेडियो–टेलीविजन के द्वारा, अखबार पढ़कर भी अपने सामान्य ज्ञान को दिन–व–दिन अद्यतन (अद्यतन) कर सकता है–(*i*) सामाजिक, राजनीतिक और सांस्कृतिक विषयों पर आधारित एवं (*ii*) विषय वस्तु संबंधी, जैसे–इंजीनियरिंग के छात्रों के लिए यह ज्ञान रखना अत्यंत आवश्यक होता है कि इंजीनियरिंग के क्षेत्र में देश–विदेश में क्या आधुनिक और अद्यतन हो रहा है, चिकित्सीय विज्ञान के छात्रों के लिए यह आवश्यक है कि चिकित्सीय क्षेत्र में देश–विदेश में क्या नया हो रहा है। इस प्रकार विषय–वस्तु के ज्ञान के अलावा तकनीकी एवं व्यवसायिक गुणों को पुख्ता करने और अपने–अपने क्षेत्रों में सफलता प्राप्त करने, आगे बढ़ने के लिए सामान्य ज्ञान व सहज ज्ञान का होना अत्यंत आवश्यक है। आज प्रत्येक छात्रों/अभ्यर्थियों को आवश्यकता से अधिक ज्ञान का अर्जन आवश्यक होता है, ताकि प्रतियोगिता एवं प्रतिद्वंद्विता के इस युग में वह आगे निकलने में सफल हो सके।

(*xi*) **स्मरण शक्ति:** मनुष्य के मस्तिष्क की विशिष्ट क्षमता, जिसके द्वारा वह तथ्यों, घटनाओं, भूतकाल की बातों को स्मरण/याद रखता है, उसे स्मरण शक्ति कहते हैं। प्रत्येक मनुष्य की स्मरण शक्ति अलग–अलग होती है। यूँ तो प्रत्येक मनुष्य के जीवन में स्मरण–शक्ति का विशेष महत्व होता है, पर साक्षात्कार के दौरान स्मरण–शक्ति की आवश्यकता एवं उपयोगिता अत्यधिक होती है। तैयारी से लेकर साक्षात्कार तक शैक्षिक, व्यवसायिक सभी प्रकार के ज्ञान एवं अपने इर्द–गिर्द, घटित घटनाओं को याद रखने के लिए अच्छी स्मरण–शक्ति का होना अत्यावश्यक होता है, अन्यथा पढ़ी हुई/अर्जित की हुई सारी बुद्धि लब्धि बेकार हो जाती हैं। हालाँकि स्मरण–शक्ति कहीं से खरीदी या पायी नहीं जा सकती है, लेकिन व्यक्ति स्वयं का ध्यान रखकर, योगाकर, अच्छे स्वास्थ्यवर्धक पोषक भोजन लेकर स्मरण–शक्ति को परिपक्व बना सकता है, बढ़ा सकता है। कुछ चीजों को याद रखने के लिए उन्हें बार–बार प्रायोगिक रूप में अध्ययन किया जा सकता हैं। पढ़ी हुई तथ्यों/चीजों को नियमित रूप से बार–बार दुहराने से सारगर्भित बातें याद रहती हैं। सबसे बड़ी बात, स्मरण शक्ति यदि मंद भी

हो भी बुद्धिमान एवं प्रतिभावान अभ्यर्थी तर्क एवं बुद्धि के द्वारा साक्षात्कारकर्त्ता के प्रश्नों का उत्तर तत्काल दे सकता है, और आत्मविश्वास के साथ अभ्यर्थी साक्षात्कार का सामना कर सकता है।

(*xii*) **सही अभिव्यक्ति:** अभिव्यक्ति (expression) का साक्षात्कार में महत्वपूर्ण स्थान है। बाह्य अभिव्यक्ति अभ्यर्थी के व्यवहार, पहनावे आदि से पता चलता है और आंतरिक अभिव्यक्ति बहुत हद तक चेहरे के हाव–भाव और क्रियाकलापों द्वारा। वार्त्तालाप／संभाषण के द्वारा व्यक्ति की वास्तविक अभिव्यक्ति का पता चलता है। स्वाभाविक व्यवहार, शिष्टाचार, ज्ञान, योग्यता, शब्दों की मितव्ययिता, स्थिरता, वैचारिक दृढ़ता, आत्मविश्वास आदि सभी गुणों के सम्मिश्रण से सही अभिव्यक्ति का मूल्यांकन होता है। शब्दों को शालीनता के साथ, सहजता के साथ अभिव्यक्त करना ही सही अभिव्यक्ति है। तथ्यों को समय के अनुसार सही शब्दों में परिभाषित करना, प्रश्नों का सही ढंग से तथ्यात्मक उत्तर देना ही सही अभिव्यक्ति है। साक्षात्कारकर्त्ता किसी भी प्रकार की उत्तेजना पैदा करें या करने की कोशिश करें, साक्षात्कार के समय संयम एवं धैर्य के साथ तर्कपूर्ण युक्ति सहित उत्तर देना ही सही अभिव्यक्ति है। अपने विचारों को स्थिर रखकर, दुविधापूर्ण स्थिति या शंकापूर्ण समाधान से बच कर अपने उत्तर पर कायम रहना, अपने तथ्यों की सही उदाहरण के साथ पुष्टि करना ही सही अभिव्यक्ति है। जिस किसी भी विषय–वस्तु पर साक्षात्कारकर्त्ता वार्त्तालाप करते हैं, उस विषय पर यदि अभ्यर्थी निश्चित और सही तौर पर अपना मत प्रस्तुत कर सकता है, तभी उसे बोलना चाहिए, अन्यथा संक्षिप्त उत्तर देकर उनसे क्षमा माँग लेना चाहिए। विचारों में, वक्तव्यों एवं मंतव्यों में परिपक्वता का मूल्यांकन अभिव्यक्ति के द्वारा साक्षात्कारकर्त्ता करने की कोशिश करते हैं। वैचारिक स्थिरता की जाँच के लिए कभी–कभी अभ्यर्थी से प्रश्नों को पुनः पूछा जाता है। साक्षात्कारकर्त्ता यह देखते हैं कि उसने पहले जो उत्तर दिया है, पुनः वही उत्तर दे पाता है या कुछ और बोलता है। वैचारिक स्थिरता से परिपक्व दृष्टि का पता चलता है।

साक्षात्कार में सफलता प्राप्त करने के लिए सही अभिव्यक्ति का होना अत्यावश्यक है और इसके लिए अभ्यर्थी को हीनभावना／कुंठाओं से मुक्त होना चाहिए। अभ्यर्थी में उच्च या घमंड की प्रवृत्ति (superiority complex) भी नहीं होनी चाहिए। इन दोनों ही भावनाओं के कारण अभ्यर्थी स्वयं को, अपने विचारों को सही अभिव्यक्ति नहीं दे पाता है। इन भावनाओं से ग्रस्त व्यक्ति तथ्यों को अत्यधिक बड़ा या छोटा करके देखता है। स्वयं को अत्यधिक समर्थ या बिल्कुल असमर्थ समझता है। कुंठा या

मनोग्रंथि विकार से व्यक्ति को बचना चाहिए। स्वयं को समय, स्थिति और अपनी क्षमता को पहचानकर, साक्षात्कार के लिए तैयार रखना चाहिए। प्रभावशाली व्यक्तित्व में एक और गुण होता है, जो उसे भीड़ से अलग करती है, वह है नेतृत्व–क्षमता। साक्षात्कार में साक्षात्कारकर्त्ता ऐसे व्यक्ति की तलाश करते हैं, जिनमें नेतृत्व का गुण हो, जो अपने कार्यों व्यवहारों से समूह–कार्य की योजना को सुपरिणाम दे सकें और कम्पनी/संस्था को आगे बढ़ा सकें।

(*xiii*) **आत्मविश्वास:** ईश्वर की बनायी हुई प्रत्येक चीजें इस दुनियाँ में अपना सार्थक अस्तित्व रखती हैं। ईश्वर ने मानव को भी विभिन्न और विशेष गुणों के साथ सृजन किया है, अतः प्रत्येक व्यक्ति का जीवन भी निरर्थक नहीं सार्थक होता है। जरूरत होती है, अपने अस्तित्व की इयत्ता एवं महत्ता को पहचानने की। जब व्यक्ति स्वयं की सार्थकता को समझने लगता है, तब वह अपने व्यक्तित्व को निखारने की कोशिश करता है और इसके लिए परिश्रम और आत्मबल की आवश्यकता होती है। आत्मबल निरंतर मेहनत और स्थिर उत्साह से प्राप्त होता है। एकलव्य और अर्जुन (महाभारत के दो पात्र) की तरह लक्ष्य को दृढ़ता से हासिल करने के लिए आंतरिक शक्ति, विश्वास और उत्साह/लगन को निरंतर बनाए रखना आवश्यक होता है। अपनी प्रतिभा और बुद्धि को तीक्ष्ण (तेज) बनाए रखने के लिए निरंतर परिश्रम करना होता है और अपने मंजिल को पाने के लिए अपने आत्मविश्वास को कायम रखना पड़ता है। आत्मविश्वास का शाब्दिक अर्थ है–स्वंय में विश्वास (अपने आप पर विश्वास), जो प्रत्येक व्यक्ति को अपनी आंतरिक शक्ति एवं प्रेरणा होती है। दृढ़ इच्छा शक्ति और दृढ़ संकल्प (strong will power and commitment) दोनों ही 'आत्मविश्वास' (self confidence) में समाहित होते हैं; और किसी भी लक्ष्य को प्राप्त करने के लिए यह आवश्यक है। आत्मविश्वास अभ्यर्थी के लिए अत्यंत आवश्यक होता है, क्योंकि इसके बिना उसे घबड़ाहट होती है, पसीना आता है, हाथ–पाँव ठंडे होने लगते हैं। अपने विषय में पारंगत होने और प्रतिभावान् होने के बाद भी वह परीक्षा में असफल होता है, क्योंकि उसके पास आत्मविश्वास की कमी होती है, कि वह जो उत्तर दे रहा है, वह तथ्यगत और पर्याप्त है या नहीं, शुद्ध है या अशुद्ध है, उसे कैसे पेश किया जाए आदि–आदि प्रश्न उसके दिमाग में आते हैं और वह घबराने लगता है। अनावश्यक भय व्यक्ति की बुद्धि एवं तर्क–क्षमता को नष्ट कर देता है, तनाव को पैदा करता है और व्यक्ति जो जानता है, वह भी भूल जाता है। लिखित परीक्षा में फिर भी व्यक्ति स्वयं पर नियंत्रण कर लेता है, किंतु मौखिक परीक्षा या साक्षात्कार में सामने बैठे साक्षात्कारकर्त्ता

के बारे में सोचकर या उन्हें देखकर ही घबराने लगता है और अपना नियंत्रण खो बैठता है। ऐसी दशा में उससे कभी–कभी असंगत हरकतें हो जाती हैं; जो गलत छवि (Bad empression) बनाती हैं और पर्याप्त गुण होने के बावजूद भी अभ्यर्थी असफलता की ओर स्वयं बढ़ जाता है। आत्मविश्वास को बढ़ाने के लिए अपने शैक्षिक गुणों/ज्ञानों का प्रायोगिक अनुभव प्राप्त करने की कोशिश करनी चाहिए, अपने ज्ञान व अध्ययन का निरंतर अभ्यास करना चाहिए। आत्मविश्वास से पूर्ण अभ्यर्थी, प्रत्येक चीजों मसलन, नौकरी जिसके लिए वह इच्छुक है, कंपनी या संस्था, जहाँ उसे जाना है, नौकरी एवं कम्पनी की माँग आदि सभी तथ्यों के बारे में पहले से ही जानकारी हासिल कर लेता है; और इसलिए वह साक्षात्कारकर्त्ता के सभी प्रश्नों के उत्तर अपनी बुद्धि व तर्क के सहारे आराम से दे देता है। आत्मविश्वास पैदा करना व्यक्ति पर निर्भर करता है। अकेले रहकर सिर्फ किताबी ज्ञान हासिल करना आत्मविश्वास के लिए काफी नहीं होता। अपने हम उम्रों से मिलना, देश–विदेश के बारे में चर्चा करना, पत्र–पत्रिकाओं को पढ़ना, अपने वातावरण को जानना, आदि कार्य आत्मविश्वास बढ़ाने में काफी सहायक होते हैं। अपने कर्म और किस्मत दोनों पर पूर्ण विश्वास रखकर अपने लक्ष्य–प्राप्ति की दिशा में आगे बढ़ना ही, आत्मविश्वास के साथ सफलता के पथ पर अग्रसर होना है।

*(xiv)* **सकारात्मक सोचः** यह मन की स्थिति, मन का विचार है, जो शब्दों और क्रियाकलापों के द्वारा व्यवहारिक जगत में, व्यक्ति के द्वारा अभिव्यक्त किया जाता है। जीवन के प्रति, स्वयं के प्रति, अपने लक्ष्य और कैरियर के प्रति सकारात्मक सोच, दृढ़ निश्चय और आत्मविश्वास से उपजता है। अपनी आवश्यकता, उपयोगिता, जिम्मेदारी का अहसास इन सबके प्रति संकल्पित होने और कार्यरत होने से सकारात्मक सोच उपजता है। व्यक्ति स्वयं के प्रति, अपने परिवार, समाज और देश के प्रति जिम्मेदार तभी हो सकता है, उसकी उन्नति में सहायक तभी हो सकता है, जब वह सही और सकारात्मक सोचता है। इससे धनात्मक ऊर्जा मिलती है और व्यक्ति अपने कार्यों तथा लक्ष्यों की ओर अग्रसर होता है। प्रत्येक व्यक्ति के अंदर कार्य करने की ऊर्जा होती है, इच्छा होती है, बस जरूरत होती है उसे सही सोच के साथ सही दिशा देने की। मन में यदि सकारात्मक विचार हो, तो उस व्यक्ति के पास खुशी, निरोग स्वास्थ्य और सफलता हमेशा होती है। विषम परिस्थितियों में भी वह स्वयं को सही सोच के साथ सही दिशा में प्रेरित कर सकता है। व्यक्ति अपने सकारात्मक सोच के जरिए यह देख सकता है कि उसके लिए क्या सही है, और क्या करना है? हमारे अंदर जो होता है,

वही बाहर आता है। जैसी सोच हम रखते हैं, हमारे कार्यों एवं व्यवहारों में वही चीजें दिखती हैं। सकारात्मक सोच और धनात्मक ऊर्जा वाले व्यक्ति अपने इर्द-गिर्द भी जीवन के प्रति सकारात्मक सोच, प्रसन्नता आदि बिखेरते हैं उनमें आत्मविश्वास दिखता है, उनकी वाणी में दृढ़ता होती है। नकारात्मक सोच व्यक्ति को असफलता की ओर ले जाता है, उसके आस-पास भी ऋणात्मक ऊर्जा निकलती है, जो उसके परिवेश को दुखी व अस्वस्थ करता है। जब व्यक्ति नकारात्मक बातें सोचता है, तो एक प्रकार का विष का संचार उसके रक्त में होता है, जो उसे और भी कमजोर एवं असफल बनाता है। शरीर से कमजोर व्यक्ति का इलाज संभव है, किंतु मन से कमजोर व्यक्ति का इलाज असंभव तो नहीं, पर मुश्किल होता है। शरीर से तंदरूस्त व्यक्ति भी यदि मन से दुर्बल होता है, तो वह किसी भी कार्य को करने में घबड़ाता है, चाहते हुए भी वह कार्य को कर नहीं पाता है और असफलता के पथ पर आगे बढ़ जाता है।

एक प्रसिद्ध कहावत है–''मन के हारे हार है, मन के जीते-जीत'' और साथ ही एक और सच्ची बात है–जो व्यक्ति साहस कर आगे बढ़ता है, उसी की मदद ईश्वर भी करते हैं। अतः अपने अंदर की कार्य-क्षमता को पहचानकर, अपनी आंतरिक ऊर्जा को सकारात्मक और धनात्मक सोच देना चाहिए एवं कार्य-पथ पर अग्रसर होना चाहिए। किसी अभ्यर्थी के लिए यह अत्यंत आवश्यक है, क्योंकि उसे अपने कैरियर संबंधी लक्ष्य को प्राप्त करने के लिए आगे बढ़ना होता है। सकारात्मक सोच से लगन, उत्साह और विश्वास की उपज होती है, जिससे सफलता स्वयं उसकी ओर चली आती है। जीवन में कभी, किसी क्षण असफलता भी मिलती है, तो उससे उबरकर नए प्रयास में जुट जाना चाहिए, क्योंकि जीवन और समय निरंतर चलता रहता है। असफलताओं से कुछ सीखने को मिलती हैं, हमने क्या गलतियाँ की, यह जानने का अवसर मिलता है, उन्हें सुधार कर आगे बढ़ना, उस सीख को आत्मसात् कर आगे साक्षात्कार का सामना करना ही सकारात्मक सोच है।

*(xv)* **निर्णयात्मक क्षमताः** साक्षात्कार में ही नहीं, अपितु जीवन के अन्य क्षेत्रों में भी निर्णय लेने की क्षमता का अत्यंत महत्व होता है, और यह क्षमता व्यक्ति के अंदर की सोच, उसके विचार, उसकी संकल्प-शक्ति, उसके ज्ञान, अनुभव, तकनीकी कौशल आदि पर निर्भर करता है। साक्षात्कार के दौरान अभ्यर्थी अपने ज्ञान और गुणों का बेहतर प्रदर्शन करता है, यदि उसमें निर्णय-लेने की क्षमता होती है। अक्सर यह पाया जाता है कि साक्षात्कार के दौरान ऐसे व्यवहारिक और प्रायोगिक प्रश्न पूछे जाते है; जिसका उत्तर किसी पुस्तक में अभ्यर्थी ने नहीं पढ़ा है; वैसी स्थिति में अभ्यर्थी को

अपने सहज ज्ञान के आधार पर तर्क शक्ति एवं व्यवहारिक अनुभव के द्वारा उत्तर देना होता है, और इसके लिए उसे तुरंत निर्णय लेना होता है। दीवारों, छतों या नीचे जमीन की ओर देखकर सोचने, हाथों के क्रियाकलापों से उसकी छवि बिगड़ती हैं। साक्षात्कार के दौरान यदि अभ्यर्थी से ऐसा प्रश्न पूछा जाता है, जिसका उत्तर वह नहीं जानता है, या उसकी व्याख्या नहीं कर सकता है, ऐसी स्थिति में उसे तुरंत इस प्रकार उत्तर देना चाहिए, ''सर! मुझे खेद है, इसके बारे में मैं इतना ही जानता हूँ, या इससे अधिक नहीं बता सकता हूँ, या मैं नहीं जानता हूँ।'' दुविधा या असमंजस की स्थिति आगे के लिए गलत प्रभाव उत्पन्न करता है। अतः गलत उत्तर देना या कुछ भी उलट–पलट भ्रमित उत्तर देने से अच्छा है, उत्तर नहीं देना और क्षमा माँग लेना। इससे साक्षात्कारकर्त्ता प्रसन्न ही होते हैं, नाराज नहीं, क्योंकि इससे समय की बचत होती है और आगे की कार्यवाही में आसानी होती है। अपनी कमी को स्वीकार करने से कोई व्यक्ति छोटा नहीं होता है, अतः सोचने–विचारने में समय व्यतीत ना कर तुरंत हाँ या नहीं में उत्तर देना चाहिए।

साक्षात्कारकर्त्ता, साक्षात्कार के दौरान अभ्यर्थी के इस गुण की भी जाँच करता है कि विषम परिस्थिति में वह किस प्रकार निर्णय लेता है और समूह कार्य को कैसे सफल बनाता है।

(xvi) **प्रश्नोत्तर सत्र:** किसी भी साक्षात्कार का महत्वपूर्ण हिस्सा होता है प्रश्नोत्तर सत्र, जहाँ साक्षात्कारकर्त्ता के द्वारा प्रश्न पूछे जाते हैं और अभ्यर्थी द्वारा उत्तर दिया जाता है। अभ्यर्थी के द्वारा उत्तर दिए जाने के तरीके, उसके विचार, उसकी प्रतिभा, उसके बाकी सभी गुणों का मूल्यांकन इस दौरान किया जाता है। साक्षात्कारकर्त्ता के प्रत्येक प्रश्नों के पीछे कुछ–न–कुछ जानने के उद्देश्य होते हैं। साक्षात्कारकर्त्ता अभ्यर्थी की व्यक्तिगत जीवन–शैली, उसके तौर–तरीके/तेवर समूह में कार्य करने की क्षमता व योग्यता आदि का मूल्यांकन करते हैं। प्रश्नोत्तर सत्र का खास मकसद होता है अभ्यर्थी के नकारात्मक एवं सकारात्मक सोच को बेहतर रूप में जानना। साक्षात्कारकर्त्ता द्वारा पूछे गए प्रश्न रोजगार देने वाले और पाने वाले दोनों के लिए महत्वपूर्ण होते हैं, दोनों एक–दूसरे को समझ पाने में सक्षम होते हैं। अभ्यर्थी प्रश्नों के द्वारा समझ जाता है कि सामने वाले को क्या और कैसा काम चाहिए उसे कैसे काम करना है, उसे क्या अवसर और उन्नति मिल सकते हैं आदि। नौकरी के प्रति सचेत और गंभीर अभ्यर्थी को सभी प्रश्नों के उत्तर सहजता से, आत्मविश्वास के साथ देने चाहिए और प्रश्नों के पीछे छिपे उद्देश्यों को बखूबी पहचानना चाहिए। कुछ सामान्य प्रश्न नीचे दिए जा

रहे हैं, जो लगभग सभी प्रकार के साक्षात्कार में पूछे जाते हैं, जिनके पीछे महत्वपूर्ण उद्देश्य होते हैं–

## 1. व्यक्तिगत परिचय (संक्षिप्त)

➤ इसके पीछे साक्षात्कारकर्त्ता का मकसद होता है यह जानना कि सामने बैठा व्यक्ति क्या है, खुद को किस तरह पेश करता है, अपने मजबूत पृष्ठभूमि के सहारे वह चलता है या आत्मनिर्भर है, उसके ज्ञान, अनुभव और उपलब्धियाँ क्या–क्या हैं? आदि।

## 2. हम आपको नौकरी क्यों दें/आपको नौकरी के उपयुक्त क्यों समझा जाए?

➤ इस प्रश्न के जरिये साक्षात्कारकर्त्ता यह जानने की कोशिश करते हैं कि उसे नौकरी देने से लाभ है या हानि या कुछ भी नहीं, वह कम्पनी/संस्था के लिए कितना लाभदायक सिद्ध हो सकता है?

## 3. आप हमारी संस्था या कंपनी के बारे में क्या जानते हैं?

➤ इस प्रश्न के द्वारा साक्षात्कारकर्त्ता जानना चाहता है कि अभ्यर्थी वाकई इस नौकरी के लिए उत्साहित या इच्छुक कि नहीं? यदि वह गंभीरता से इस साक्षात्कार को नहीं ले रहा है, तो वह कंपनी के बारे में पूर्व जानकारी हासिल नहीं करता है। यदि वह नौकरी के प्रति गंभीर होगा तो कंपनी के बारे में, उसके कार्यों, उपलब्धियों आदि के बारे में कुछ–न–कुछ अवश्य जानकारी देगा।

## 4. किन-किन बातों से आप प्रेरित/अभिप्रेरित होते हैं?

➤ इस प्रश्न से साक्षात्कारकर्त्ता यह पता लगाने की कोशिश करते हैं कि सामने बैठा अभ्यर्थी किस–किस कारण से यहाँ आया है? उसकी उम्मीदें क्या हैं? काम और पैसे के प्रति उसका कितना और क्या झुकाव है?

## 5. आपने अपनी पहली नौकरी क्यों छोड़ी? या आप अपना वर्त्तमान नौकरी क्यों छोड़ना चाहते हैं?

➤ इस प्रश्न से साक्षात्कारकर्त्ता यह जानने की कोशिश करते हैं कि नौकरी छोड़ने और पाने का अभ्यर्थी का कारण क्या है? वह कितना सही और उचित है, क्या अभ्यर्थी यूँ ही नौकरी छोड़ता, पकड़ता रहता है, या वह नौकरी के प्रति कितना जिम्मेदार और गंभीर है, या अपने पहले एम्प्लायर (रोजगार देने वाले) से उसे कुछ परेशानी थी या है, अगर ऐसा है तो वह क्या है? अभ्यर्थी की तरफ से परेशानी है या कंपनी की तरफ से है? आदि।

**6. आपने इस नौकरी के लिए आवेदन क्यों दिया?**

➤ इस प्रश्न से साक्षात्कारकर्त्ता अभ्यर्थी के स्थिर मनोदशा का आकलन करना चाहता है कि वाकई अभ्यर्थी इस नौकरी के लिए रूचि रखता है या नहीं? इस कम्पनी/संस्था से वह क्या चाहता है?

**7. आपने इतने लम्बे अरसे तक काम क्यों नहीं किया?**

➤ इस प्रश्न से साक्षात्कारकर्त्ता अभ्यर्थी की क्षमता/योग्यता को परखना चाहता है कि लम्बे अरसे तक काम नहीं करने के पीछे उसका कारण क्या था? क्या वह नौकरी करने से घबराता था? क्या उसे सही नौकरी नहीं मिली? आदि।

**8. अपनी पिछली या वर्त्तमान नौकरी में आपको सबसे कठिन समय/भाग क्या लगा?**

➤ इस प्रश्न के पीछे का मकसद है नौकरी में अभ्यर्थी की कठिनाइयों के बारे में जानना, नौकरी में उसकी उपयुक्तता को जानना आदि।

**9. आप अपना धैर्य कब छोड़ देते हैं?**

➤ इस प्रश्न के पीछे का मकसद होता है अभ्यर्थी के तेवर को जानना, उसके काम करने का रवैया जानना, साथ ही विषम परिस्थितियों में समूह के साथ कार्य करने के तरीके को जानना और सबसे अधिक यह पता करना कि वह किन बिंदुओं पर शांत रहता है और किन बिंदुओं पर क्रोधित होता है।

**10. क्या आप अपने से कम उम्र के सहकर्मी या महिला सहकर्मी के साथ कार्य करने में सहजता महसूस करते हैं?**

➤ इस प्रश्न के पीछे साक्षात्कार का मकसद यह जानना होता है कि क्या अभ्यर्थी के मन में अपने से छोटे या महिला सहकर्मी के साथ काम करने के प्रति कोई ग्रंथि या पूर्व धारणा तो नहीं है? क्या वह उनके साथ समूह कार्य करने में सक्षम होगा? क्या उसे सीनियर/जूनियर से समस्या तो नहीं?

**11. आप अपनी नौकरी के कैरियर का कोई चुनौती पूर्ण समय या क्षण के बारे में बताएँ।**

➤ इस प्रश्न को पूछने का मकसद होता है, यह जानना कि क्या अभ्यर्थी चुनौतीपूर्ण कार्य कर सकता है, या वह चुनौतियों से घबराता है या वह रोजमर्रा के रूटीन कार्यों में रूचि रखता है, क्या वह विषम परिस्थितियों में कार्य करने की क्षमता रखता है? साक्षात्कारकर्त्ता यह भी जानना चाहते

हैं कि क्या अभ्यर्थी के अंदर कोई छिपा हुआ गुण या अवगुण है, जो चुनौतीपूर्ण कार्य करने के समय बाहर आता है।

**12. आप 'सफलता' को किस प्रकार अभिव्यक्त करेंगे? 'सफलता' आपके लिए क्या मायने रखती है? 'सफल होना' आपकी नजर में क्या है?**

➤ साक्षात्कारकर्त्ता यह जानना चाहते हैं कि नौकरी और नौकरी में सफलता अभ्यर्थी के लिए क्या मायने रखते हैं, उसकी काम के प्रति सोच और रवैया क्या है?

**13. आपके लिए क्या महत्वपूर्ण है-पैसा या काम?**

➤ साक्षात्कारकर्त्ता यह जानना चाहते हैं कि अभ्यर्थी किसे महत्व देता है। वह पैसा या काम किसे प्राथमिकता देता है? वह जानना चाहता है कि क्या वह अधिक वेतन मिलने पर नौकरी छोड़ देगा?

**14. आप अपने समूह के विवाद को कैसे सुलझाएँगे?**

➤ साक्षात्कारकर्त्ता अभ्यर्थी के अंदर के नेतृत्व–गुण को जाँचना चाहता है, उसके समूह कार्य की क्षमता और ऊर्जा तथा सामूहिक–भावना को जाँचना चाहता है।

**15. आप अपने मातहत (अधीनस्थ) काम कर रहे सहकर्मी से कैसे बेहतर काम करवा सकते हैं?**

➤ साक्षात्कारकर्त्ता यह जानना चाहते हैं कि अभ्यर्थी में काम करने की योग्यता के साथ ही काम करवाने की योग्यता है या नहीं, वह लोगों के साथ व्यवहार–कुशल है या नहीं, उसमें प्रबंधन क्षमता (Managing capacity) है या नहीं?

**16. आप स्वयं को औरों से अलग कैसे मानते हैं?**

➤ साक्षात्कारकर्त्ता का मकसद होता है यह जानना कि अभ्यर्थी की अपनी उपलब्धियाँ क्या है, उसके अंदर कौन सी विशिष्ट प्रतिभा है, जो कम्पनी / संस्था की बेहतरी के लिए आवश्यक है।

**17. कार्य-क्षेत्र में आपको क्या नापसंद है?**

➤ साक्षात्कारकर्त्ता यह जानना चाहते हैं कि उसे क्या पसंद है और क्या नापसंद? जो काम उसे दिया गया है, वह उसे किस प्रकार से लेता / करता है?

18. **किसी ऐसे प्रोजेक्ट के बारे में बताएँ, जिसे आपको बीच में ही छोड़ना पड़ा हो।**

   ➤ साक्षात्कारकर्त्ता यह जानना चाहते हैं कि दिए गए कार्य को करने में अभ्यर्थी को कितनी दिलचस्पी है, उसमें कितना धैर्य है, वह कार्य को किस कारण से छोड़ता या पूरा करता है।

19. **किसी ऐसे प्रोजेक्ट के बारे में बताएँ, जो आपको बिल्कुल पंसद नहीं था, लेकिन आपको करना पड़ा हो।**

   ➤ ऐसे प्रश्न पूछकर साक्षात्कारकर्त्ता अभ्यर्थी के कार्य करने के उद्देश्य, कम्पनी/संस्था के प्रति निष्ठा या उसके धैर्य आदि की जाँच करना चाहता है।

20. **कोई ऐसा समय जब आपको ऐसे व्यक्ति के साथ काम करना पड़ा हो जो आपको बिल्कुल पसंद न हो।**

   ➤ ऐसे प्रश्नों का उद्देश्य होता है, यह देखना कि अभ्यर्थी समूह–कार्य कैसे करता है? लोगों के साथ (अच्छे–बुरे) कैसे सामंजस्यपूर्ण व्यवहार कर काम पर ध्यान देता है।

21. **आपके साथ कोई व्यक्ति काम कर रहा हो, और वह कम्पनी की नीतियों के खिलाफ़ काम कर रहा हो, तो आप क्या करेंगे और क्यों करेंगे?**

   ➤ ऐसे प्रश्नों के द्वारा साक्षात्कारकर्त्ता अभ्यर्थी की कम्पनी के प्रति निष्ठा, ईमानदारी, आदि की परीक्षण करना चाहता है।

22. **आपने कुछ ऐसा किया है, जिससे आपके कार्यस्थल पर लोगों ने नवीनता का अहसास किया हो और जिससे कार्य करने का वातावरण नवीन हुआ हो?**

   ➤ साक्षात्कारकर्त्ता अभ्यर्थी के अंदर की क्रियात्मकता (Creativity) और शोध/नए अनुसंधान के गुण को परखने के लिए ऐसे प्रश्न पूछते हैं।

23. **यदि आपके पिछले नियोक्ता (Employer) या वर्त्तमान नियोक्ता से आपके बारे में जानकारी ली जाए तो क्या आपको बुरा लगेगा?**

   ➤ साक्षात्कारकर्त्ता का महसद इस प्रश्न के द्वारा यह जानना होता है कि, कहीं और से उसके बारे में जानकारी लेने से उसे कैसा महसूस होता है। उसकी प्रतिक्रिया क्या होती है? वह अपनी नयी नौकरी के बारे में अपने

वर्त्तमान नियोक्ता को बताना चाहता है या नहीं? वर्त्तमान नियोक्ता से उसके संबंध कैसे हैं? क्या वहाँ से आप निकाले गए हैं? क्या आपने स्वेच्छा से नौकरी छोड़ने का मन बनाया है? आदि।

## 24. आप कितने समय तक इस कम्पनी में योगदान देना चाहेंगे?

➤ इस प्रश्न को पूछने के पीछे साक्षात्कारकर्त्ता का मकसद होता है, अभ्यर्थी के वास्तविक और स्थिरता के गुण का पता लगाना।

## 25. क्या आपको लगता है कि आपको अपने अंदर और विकास की आवश्यकता है?

➤ साक्षात्कारकर्त्ता यह जानना चाहते हैं कि सामने बैठा अभ्यर्थी कितना महत्वाकांक्षी है, वह स्थिर होकर एक ही काम करना चाहता है या कुछ नया कर सकता है? अभ्यर्थी के सीखने की क्षमता, उसकी कमजोरी आदि के बारे में जानना, इस प्रश्न का मकसद होता है।

## 26. आप मुझे साक्षात्कारकर्त्ता के रूप में कितना अंक दोगे?

➤ इस प्रश्न को पूछकर साक्षात्कारकर्त्ता अभ्यर्थी के विचार, उसकी प्रश्नोत्तर योग्यता, प्रबंधक व्यक्तित्व आदि के बारे में जानना चाहता है।

## 27. आप चाहें तो हमसे प्रश्न पूछ सकते हैं? या आपके मन में कोई सवाल हो तो आप कर सकते हैं?

➤ साक्षात्कारकर्त्ता यह देखना चाहते हैं कि नौकरी को लेकर अभ्यर्थी के मन में क्या है? वह नौकरी के लिए कितना इच्छुक है? वह कम्पनी में कितनी रुचि ले रहा है? यदि उसे यह नौकरी दी गई तो वह क्या निर्णय लेगा आदि।

इस प्रकार के अनेक प्रश्न हैं, जिसके द्वारा साक्षात्कारकर्त्ता अभ्यर्थी/उम्मीदवार की योग्यता, कार्य–क्षमता, निर्णय–क्षमता, विकास और उपलब्धि की योग्यता, समूह–कार्य की योग्यता–क्षमता, कम्पनी के प्रति निष्ठा आदि की जाँच कर सकते हैं और करते भी हैं। इन्हीं गुणों व योग्यताओं की परख के लिए इतने सारे साक्षात्कार लिए जाते हैं, और सही अभ्यर्थी के चयन पर मेहनत की जाती है।

साक्षात्कारकर्त्ता यदि एक उम्मीदवार चुनने में गलती कर देता है, तो संस्था को बहुत महँगा पड़ता है, हानि उठानी पड़ती है, क्योंकि एक उम्मीदवार को नियुक्त करने का खर्च, उसे प्रशिक्षण देने का खर्च, उसके वेतन, उस समय–सीमा में उत्पादकता में कमी, कम्पनी/संस्था के कार्य व सिद्धांतों पर बुरा प्रभाव आदि बहुत सारी प्रक्रियाओं से गुजरकर एक उम्मीदवार को नौकरी दी जाती है।

एक उम्मीदवार भी अच्छी नौकरी, अच्छी कम्पनी की तलाश में होता है, ताकि उसे भी मनपसंद उसके योग्य नौकरी मिले, जहाँ वह अपनी क्षमता व योग्यता का पूरा–पूरा मूल्यांकन कर सके। अभ्यर्थी/उम्मीदवार को भी साक्षात्कारकर्त्ता से नौकरी व कम्पनी के बारे में जानने का पूरा अधिकार होता है, ताकि उसकी अपनी पहचान बन सके, उसे संतुष्टि देने वाला कार्य मिल सके। ऐसे अनेक प्रश्न हैं, जिन्हें उम्मीदवार साक्षात्कारकर्त्ता से पूछ सकता है–

1. साक्षात्कार के परिणाम के बारे में मुझे कब जानकारी होगी?

2. उपलब्धि के संदर्भ में कम्पनी की नीतियाँ क्या हैं?

3. क्या मुझे कम्पनी की संगठनात्मक संरचना के बारे में जानकारी मिल सकती है?

4. कम्पनी के प्रबंधन–सिद्धांत के बारे में क्या मैं जान सकता हूँ? क्या इसकी विस्तृत जानकारी मुझे मिल सकती है?

5. मेरे कार्यों का मूल्यांकन किस प्रकार किया जाएगा?

6. इस पद पर पिछले पांच वर्षों में कितने लोगों ने कार्य किया? आज वो किस मुकाम पर हैं?

7. इस संस्था के कुछ महत्त्वपूर्ण और सफल लोगों के बारे में, क्या मैं जान सकता हूँ?

8. इस पद पर कार्य करने के लिए किन चीजों को प्राथमिकता देनी होगी?

9. पहले छः महीने में मुझे क्या करने होंगे और मेरे कार्यों का मूल्यांकन किस प्रकार होगा?

10. मेरे विभाग में मेरी क्या भूमिका होगी? इस प्रकार के विचारवान् और उत्साही प्रश्न पूछकर उम्मीदवार साक्षात्कारकर्त्ता को यह बता देता है कि वह नौकरी के प्रति गंभीर और कम्पनी में समायोजन के प्रति इच्छुक है। उसे यदि नौकरी दी गई तो वह अपनी क्षमता साबित कर सकता है, कम्पनी को लाभ पहुँचा सकता है।

✰✰✰

# साक्षात्कार : बाद की प्रक्रिया

साक्षात्कार समाप्त होने के बाद उम्मीदवार को अदब के साथ, साक्षात्कारकर्त्ताओं का धन्यवाद ज्ञापन कर अपनी कुर्सी छोड़ना चाहिए। अभिवादन के साथ कमरे से धीरे से निकलना चाहिए।

परिणाम के बारे में बिना सोचे कम्पनी के पते पर धन्यवाद पत्र या फॉलो–अप पत्र तुरंत भेजना चाहिए। 'थैंक्यू–नोट' का बहुत महत्व होता है, क्योंकि यह उम्मीदवार के बारे में कम्पनी को याद दिलाता है। इसे सुंदर अक्षरों में सादे कागज पर हाथ से भी लिखा जा सकता है। आजकल कम्प्यूटर द्वारा प्रिंट किए गए पत्र अधिक व्यवहृत होते हैं। अतः उम्मीदवार ई–मेल द्वारा भी फॉलो–अप–पत्र भेज सकता है। नीचे फॉलो अप पत्र का एक नमूना दिया जा रहा है, जो अंग्रेजी में है–(सामान्यतः साक्षात्कार के सभी पत्र अंग्रेजी में ही होते हैं।)–

Mr. Deepak
M. G. Road
Ranchi

20 May 2010

Shri (Name of Interviewer)

Job Title .................
Name of Company
Add .......................
...............................

Sir,

I would like to convey my sincere thanks to you for all the very congenial cooperation extended during my interview on dated ...................... for the post of (name of the Job/Vacant position). I am very much pleased and excited about the prospect of joining the ABC company and working with the great team of achievers. The way I was interviewed was indeed very encouraging.

My exposure, experience and knowledge indeed match best with the necessity of the vacant post. If there is any need of any information please call me on this number .............................. at anytime.

I am waiting for positive response from you.

With Thanks!

Your's sincerely.
Deepak.

यदि साक्षात्कार में सफलता हासिल होती है, तो कम्पनी के द्वारा उम्मीदवार को सूचना दी जाती है, और सरकारी संस्था को छोड़ निजी कंपनियों के द्वारा उम्मीदवार को अंतिम साक्षात्कार / समझौते के लिए बुलाया जाता है। सरकारी संस्थानों में नियम–व–शर्तें तथा वेतनमान पूर्व निर्धारित होते हैं, जबकि निजी-कंपनियों की अपनी-अपनी शर्तें व सिद्धांत होते हैं। सफल उम्मीदवार को प्रबंधक या निदेशक या अधिकृत अधिकारी के साथ मिलने के लिए बुलाया जाता है जहाँ नियम–शर्तों व वेतनमान तथा सुविधाओं पर समझौते किए जाते हैं। कम्पनी या संस्था द्वारा ये लिखित रूप में उम्मीदवार को ऑफर–लेटर के साथ प्रदान किए जाते हैं। यहाँ उम्मीदवार के लिए कुछ टिप्स दिए जा रहे हैं, जिनसे उन्हें वेतन को लेकर तोल–मोल (Bargain) करने में मदद मिलेगी–

- ⇨ कम्पनी के द्वारा जो आँकड़े (वेतन के लिए) दिए जाते हैं, वह उम्मीदवार के लिए अंतिम नहीं होता है, बल्कि यह समझौते के लिए शुरूआती बिंदु होते हैं।

- ⇨ साक्षात्कार में सफलता के बाद यह विश्वास रखना चाहिए कि उसकी भी कुछ कीमत है, वह भी कम्पनी के लिए कुछ लेकर आया है और कम्पनी उससे लाभान्वित होगी, अतः वेतन और सुविधाओं की माँग अपनी पात्रता और पद के अनुरूप की जानी चाहिए।

- ⇨ यदि आपने साक्षात्कारकर्त्ता को बखूबी प्रभावित किया है, और आपको कम्पनी नियुक्त (Hire) करना चाहती है, तो आपका हाथ ऊपर होता है, अतः आप कम्पनी से समय व काम के अनुरूप मानदेय की माँग कर सकते हैं। कम्पनी भी इस स्थिति में आपकी माँग के अनुरूप आपको वेतन और सुविधा दे सकती है। अतः आप जितना अनुमान कर रहे हैं, उससे अधिक की माँग करें।

⇨ यदि नौकरी के विज्ञापन में या कम्पनी के द्वारा वेतन का रेंज (सीमा) दिया गया हो तो अपनी योग्यता व ज्ञान के आधार पर उस रेंज के अंदर या थोड़ा ऊपर वेतन की माँग करनी चाहिए, क्योंकि कम्पनी अच्छे उम्मीदवार के लिए हमेशा अच्छी कीमत देने को तैयार हो जाती है। यदि अधिक माँग में हिचकिचाहट हो तो दिए गए रेंज के अंदर ही माँग करें।

⇨ यह याद रखना चाहिए कि वेतन ही सबकुछ नहीं होता अतः यदि कम्पनी अधिक नहीं दे रही हो और आप वहाँ काम करना चाहते हैं तो अन्य सुविधाओं के बारे में बात करें।

⇨ अपनी बात दृढ़ता से कहना चाहिए किंतु यदि सबकुछ संतुष्टिपूर्ण हो तो वेतन की माँग को लेकर अड़ियल रवैया नहीं अपनाना चाहिए। कुछ और माँग करनी चाहिए जैसे–कुछ समय बाद वेतन वृद्धि या पद में तरक्की, समय–समय पर प्रशिक्षण आदि की सुविधाएँ, आदि।

☆☆☆

# ९

<br>

## कुछ महत्वपूर्ण बातें

मानव जीवन में कर्म, समय और परिश्रम अत्यंत महत्वपूर्ण होता है। हमारा कर्म और परिश्रम हमें हमारे लक्ष्य की ओर ले जाता है, सफलता प्राप्ति के राह दिखाता है। समय के साथ यदि कर्म और परिश्रम किया जाए तो सफलता का स्वाद अनूठा और बेजोड़ होता है। हमें शैक्षिक एवं व्यवहारिक योग्यताओं के साथ ही रोजगार के लिए भी योग्यता हासिल. करनी होती है, ताकि जीवन—यापन के लिए धन, यश तथा अपने अस्तित्व की प्राप्ति कर सकें।

मानव—जीवन में सफलताओं—असफलताओं का सिलसिला चलता रहता है। असफलता मजबूत चरित्र निर्माण तथा भविष्य में सफलता प्राप्त करने के लिए अत्यावश्यक है। असफलताओं से सीखने की कोशिश करनी चाहिए न कि हताश—निराश होना चाहिए। जितनी बार कोशिश की जाती है, इंसान उतनी बार और अधिक योग्य एवं अनुभवी होता है। असफलताओं में भी कुछ—न—कुछ लाभ ही होता है, बस हमें आवश्यकता होती है—चिंतन और मनन की। हम जो कर रहे हैं, हमने जो किया उससे तुलना कर, सही प्रयास कर आगे बढ़ने की प्रेरणा हमें अपने अंदर के आत्मविश्वास और कुछ करने तथा पाने की चाह से मिलती है। अतः हमने जो लक्ष्य निर्धारित किया है, जब तक वह पूरा न हो जाए हमें हार नहीं माननी चाहिए। अपनी स्पष्ट सोच, दृढ़—निश्चय एवं आत्मविश्वास के सहारे, अपनी योग्यता व क्षमता का प्रयोग करना चाहिए। अपने लगन और परिश्रम से मनुष्य को आत्मिक शक्ति प्राप्त होती है, जो उसे लक्ष्य और सफलता की ओर उन्मुख ही नहीं करती, वरन् वहाँ तक ले जाती है।

एक बार, दो बार असफल होने से व्यक्ति प्रायः निराश हो जाता है, वह जीवन को व्यर्थ समझने लगता है, अपनी योग्यता व ज्ञान पर प्रश्न चिह्न लगाने लगता है। ऐसा सोचना बिल्कुल गलत होता है। अपनी गलतियों के कारण व्यक्ति असफल होता है। अपनी गलतियों पर विचार कर उसे सुधारने, उसके लिए और परिश्रम कर बेहतर

प्राप्त करने की कोशिश करने से व्यक्ति निराशा की स्थिति से निकलकर सफलता की ओर बढ़ सकता है। जरूरत होती है, आत्मशक्ति, आत्मविश्वास और प्रयास की। असफलता को एक चुनौती एवं आगे के अवसर के रूप में देखना चाहिए, न कि अपनी हार के रूप में। ईश्वर या अन्य लोग भी किसी की मदद तभी करते हैं, जब वह अपनी मदद स्वयं करता है, उठ खड़ा होता है और चलने की कोशिश करता हैं। असफलता एक प्रशिक्षण भूमि की तरह होती है। कभी–कभी अपनी असफलताओं का ठीकरा व्यक्ति दूसरों के माथे फोड़ता है, इससे उसका अपना व्यक्तित्व क्षीण होता है, बाधाएँ और कठिनाइयाँ बढ़ती हैं। अनचाहा तनाव और दुःख सामने आता है।

व्यक्ति को उस बीज के बारे में सोचना चाहिए, जिसे जमीन में अकेला गाड़कर छोड़ दिया जाता है, पौधे के रूप में अँकुरने एवं बड़े होने के लिए। बीज के अंदर की शक्ति, उसका वातावरण, उसे धरती को फाड़कर पौधे के रूप में धरती के ऊपर लाता है। उचित देखभाल से वह पेड़ में तब्दील होता है। हमारा लक्ष्य भी उसी बीज की तरह होता है, जिसे विषम परिस्थितियों में भी हमें हासिल करना होता है। सभी कुछ हमारे अंदर होता है, जरूरत होती है आत्मविश्वास और परिश्रम युक्त प्रयास की।

साक्षात्कार किसी व्यक्ति को बनाता है तो किसी को तोड़ भी सकता है। साक्षात्कार में सफल हो गए और अपने लक्ष्य की प्राप्ति हो गई तो व्यक्ति स्वयं को भाग्यशाली समझता है और जीवन के प्रति उसका रवैया (Attitude) धनात्मक व सकारात्मक हो जाता है। वहीं यदि कोई सफल नहीं होता है तो अपनी किस्मत और समय को दोष देता है, नकारात्मक बातें सोचता है, जीवन में हताशा और निराशा महसूस करता है। इन चीजों को छोड़कर असफल व्यक्ति को अपनी असफलता के कारणों का पता लगाना चाहिए और समय रहते उन गलतियों को सुधारना चाहिए, ताकि अगली बार वह और अधिक मजबूत हौसले के साथ साक्षात्कार का सामना कर सके। आजकल तो अनेक साधन भी उपलब्ध हैं, जो परीक्षाओं व साक्षात्कार के लिए अभ्यर्थी को प्रशिक्षित करते हैं। अनेक पत्र–पत्रिकाएँ हैं, जिनमें सफल, असफल अभ्यर्थियों की खबरों के साथ उनके इंटरव्यूज छपते हैं, जिनसे अभ्यर्थियों को काफी कुछ सीखने को मिलता है। दूसरों की असफलताओं से सीखकर, अपने अंदर उन गलतियों को न दुहराने की कोशिश के लिए उस ढंग से साक्षात्कार की तैयारी करने में सहायता मिलती है। साक्षात्कार के बाद असफल होने और अगले साक्षात्कार का सामना करने के लिए कुछ महत्वपूर्ण बातों का ध्यान रखना चाहिए।

➮ स्वयं को हीन भावना से मुक्त कर सकारात्मक सोच और आत्मविश्वास के साथ साक्षात्कार के लिए जाएँ।

➮ साक्षात्कार से पहले अपनी रुचि व क्षमता का पुनर्मूल्यांकन करें। अपनी क्षमताओं एवं अक्षमताओं की सूची बनाएँ, अपनी उपलब्धियों और अनुपलब्धियों को दुहराएँ। इससे आपको अपनी क्षमता/योग्यता को आत्मबल प्राप्त होगा।

➮ अपने लक्ष्य, अपनी रुचि, अपनी पसंद, नापसंद, अपनी शिक्षा व व्यवसाय, अपने निजी सिद्धांतों व मूल्यों के साथ अपनी जरूरतों और जीवन–शैली का पुनर्मूल्यांकन करें। ऐसा करने से आप असफलताओं से हार नहीं मानेंगे, बल्कि उसे चुनौती के रूप में स्वीकार कर पुनः आगे बढ़ेंगे। यह आपको साक्षात्कार के प्रश्नों का उत्तर देने में समर्थ बनाएगा।

➮ प्रायः साक्षात्कार मंडल में 5 से 6 सदस्य होते हैं, और एक निदेशक या अध्यक्ष होते हैं। निदेशक या अध्यक्ष का मुस्कुराकर अभिवादन करें तथा अन्य सदस्य की तरफ घूमकर अभिवादन का मुद्रा बनाएँ। खाली पड़ी कुर्सी पर तब तक ना बैठें, जब तक कि साक्षात्कारकर्त्ता आपको बैठने के लिए ना कहें।

➮ चेहरे पर घबड़ाहट न आने दें और आत्मविश्वास पूर्वक सदस्यों के साथ आँख मिलाकर, उनकी बात सुनें और उनसे बात करें।

➮ साक्षात्कारकर्त्ता के प्रश्न या बातों को बीच में ना काटें। उनके द्वारा पूछे गए प्रश्नों के संक्षिप्त किंतु यथोचित सही उत्तर दें। उत्तर देने से पहले, क्या बोलना है, इसे सोच लें।

➮ विभिन्न विचार के लिए कुछ जगह रखें। किसी बात पर ना तो अडिग रहें और ना ही साक्षात्कारकर्त्ता की बातों पर अनिच्छा दिखाएँ और ना ही उनकी तारीफ करें।

➮ ऐसा दिखाएँ और उत्तर दें कि उन्हें लगे कि आप गंभीरता से उनकी बात सुन रहे हैं और नौकरी के प्रति आप गंभीर हैं।

➮ महत्वपूर्ण बातों और सूक्ष्म चीजों पर बराबर ध्यान दें।

➮ यह ध्यान रखें कि साक्षात्कारकर्त्ता आपकी हर गतिविधियों का सूक्ष्मता से निरीक्षण कर रहा है, इसलिए गहराई से सभी चीजों पर सोच–विचारकर किंतु तीव्रता से उत्तर दें।

➪ नाजुक विषयों पर टिप्पणी देने से बचें। राजनीतिक व धार्मिक टिप्पणी भूलकर भी ना दें। यदि किसी नाजुक सियासी मुद्दे पर प्रश्न हो और आप से विचार माँगे तो संक्षिप्त तकनीकी उत्तर दें, बहस की गुँजाइश ना रखें।

➪ अपने आपको वातावरण के ताजे–तरीन समाचारों के साथ तैयार रखें।

यदि आप अपने कैरियर एवं नौकरी के प्रति गंभीरता से सोचेंगे तो आप उपर्युक्त महत्वपूर्ण बातों पर अवश्य ध्यान देंगे। साक्षात्कार आपके कैरियर के लिए चुने गए लक्ष्य के लिए वह राह है, जिसपर आपको सफलतापूर्वक संभलकर चलना चाहिए, तभी आप अपने मंजिल पर पहुँच सकेंगे।

# 10

# साक्षात्कार के कुछ नमूने

उम्मीदवारों को सफल उम्मीदवार के इंटरव्यूज व साक्षात्कार के अध्ययन से अपने साक्षात्कार की तैयारी के लिए आवश्यक सामग्री के साथ–साथ मनोवैज्ञानिक दिशा भी मिलती है। इसके लिए उन्हें विभिन्न पत्र–पत्रिकाओं और अन्य स्त्रोतों से प्राप्त साक्षात्कार के नमूने का अध्ययन करना चाहिए, ताकि उन्हें साक्षात्कार के लिए मानसिक रूप से तैयार होने में मदद मिले।

नीचे कुछ महत्वपूर्ण परीक्षाओं में सफल हुए उम्मीदवार के साक्षात्कार दिए जा रहे हैं–

## 1. बैंक क्लर्क परीक्षा के लिए

श्री सत्तार अहमद 22 वर्षीय प्रतिभा संपन्न नवयुवक हैं। ये उत्तर प्रदेश के निवासी हैं। इन्होंने इलाहाबाद विश्वविद्यालय के एक प्रतिष्ठित महाविद्यालय से स्नातक ( बी.ए. ) किया है। ये फिलहाल इलाहाबाद विश्वविद्यालय से भूगोल में एम.ए. कर रहे हैं। कठिन परिश्रम में विश्वास रखने वाले अहमद की पारिवारिक पृष्ठभूमि साधारण है। इनके पिताजी एक साधारण किसान हैं। परिवार के भरण-पोषण का माध्यम सिर्फ कृषि है। स्वाभाविक है कि अहमद नौकरी की ओर आकृष्ट हुए। मित्रों की सलाह से उन्होंने बैंकिंग सेवा को अपना ध्येय बनाया। उनके कठिन श्रम का परिणाम अच्छा रहा। उन्हें एक प्रतिष्ठित सार्वजनिक बैंक की क्लर्क की लिखित परीक्षा में सफलता मिली है। उन्हें साक्षात्कार के लिए बुलाया गया है।

वक्त के पाबंद श्री अहमद निर्दिष्ट समय से पूर्व ही साक्षात्कार स्थल पर पहुँच गए। साक्षात्कार कक्ष से सटे प्रतीक्षा कक्ष में वह अपनी बारी की प्रतीक्षा कर रहे हैं। उन्हें अपने साथियों से वार्तालाप में आनन्द आ रहा है। सौभाग्य से सभी प्रत्याशी जागरूक नागरिक की भाँति वर्तमान दशा, जनता की निराशा के कारण, देश की राजनैतिक स्थिति, जीवन मूल्यों के स्तर की गिरावट आदि

विषयों पर चर्चा कर रहे हैं। श्री अहमद अपने मित्रों से सहमत हैं कि देश की राजनीतिक स्थिति दयनीय है, किन्तु भविष्य के लिए आशा की किरण स्पष्ट देखते हैं। उनका छोटा सा वाक्य Night is darkest before dawn, उनके आशावादी एवं धनात्मक सोच को परिलक्षित करता है। इसी बीच अहमद को साक्षात्कार के लिए आमन्त्रित किया जाता है। वह अपने साथियों का अभिवादन करते हैं। साथी उन्हें शुभकामना प्रदान करते है। कक्ष के समक्ष पहुँचकर वह धीरे से दरवाजा खोलते हैं एवं प्रवेश की अनुमति माँगते हैं। अनुमति मिलने पर वह कक्ष में प्रवेश कर अध्यक्ष सहित सभी सदस्यों का अभिवादन करते हैं। अध्यक्ष उन्हें कुर्सी पर बैठने का संकेत करते हैं। वह कुर्सी पर बैठते हैं तथा अध्यक्ष को धन्यवाद ज्ञापित करते हैं।

| | | |
|---|---|---|
| अध्यक्ष | : | आपका शुभ नाम? |
| सत्तार | : | महाशय, मेरा नाम सत्तार अहमद है। |
| अध्यक्ष | : | क्या आप उत्तर प्रदेश के निवासी हैं। |
| सत्तार | : | हाँ, महाशय। मैं इलाहाबाद का निवासी हूँ। |
| अध्यक्ष | : | क्या आप कोई अखबार पढ़ते हैं? |
| सत्तार | : | हाँ, महाशय। मैं नवभारत टाइम्स एवं द टाइम्स ऑफ इण्डिया का नियमित पाठक हूँ। |
| अध्यक्ष | : | आज के अखबार में महत्त्वपूर्ण समाचार क्या थे? |
| सत्तार | : | महाशय, आज के समाचार पत्रों में मुख्य पृष्ठ पर यह समाचार था कि शिखर नेतृत्व के मुद्दे पर कई महीने से चल रहे अनिश्चय को तोड़ते हुए भारतीय जनता पार्टी ने एलान किया कि लाल कृष्ण आडवाणी प्रधानमंत्री पद के लिए उसके उम्मीदवार होंगे। एक अन्य खबर थी कि अर्जेंटीना में किस्टीना फर्नांडिस ने राष्ट्रपति पद की शपथ ली। यह पहला मौका है जब कोई महिला चुनाव जीतकर इस गद्दी तक पहुँची है। यह भी दिलचस्प है कि उन्होंने अपने पति नेस्टर किर्चनर से ही सत्ता ग्रहण की है। |
| पहला सदस्य | : | I.Q का क्या मतलब होता है? |
| सत्तार | : | श्रीमन् Intelligence Quotient. |

| | | |
|---|---|---|
| अध्यक्ष | : | और C.B.I.? |
| सत्तार | : | Central Bureau of Investigation, श्रीमन्। |
| अध्यक्ष | : | इन तीन पुस्तकों के लेखकों के नाम बताइए–भारत–भारती, आइने–अकबरी और डिस्कवरी ऑफ इण्डिया (Discovery of India) |
| सत्तार | : | इन पुस्तकों के लेखकों के नाम क्रमशः इस प्रकार हैं–मैथिलीशरण गुप्त, अबुल फजल और जवाहर लाल नेहरू। |
| दूसरा सदस्य | : | अजन्ता की गुफाओं के बारे में कुछ जानकारी दीजिए। |
| सत्तार | : | श्रीमन् अजन्ता की गुफाएँ महाराष्ट्र राज्य में औरंगाबाद से लगभग 125 किलोमीटर की दूरी पर स्थित हैं। ये गुफाएँ पर्वत में से काटकर बनाई गई हैं। ये बौद्ध गुहा मन्दिर हैं तथा अपनी चित्रकारी एवं मीनाकारी के लिए समस्त विश्व में प्रसिद्ध हैं। |
| दूसरा सदस्य | : | अच्छा, माउण्ट आबू के बारे में कुछ जानकारी दीजिए। |
| सत्तार | : | श्रीमन्, माउण्टआबू राजस्थान में है। यह एक पर्वत स्थल है। यहाँ का जलवायु स्वास्थ्य–प्रद है। यहाँ का दिलवाड़ा मंदिर प्रसिद्ध है। यहाँ केन्द्रीय रिजर्व पुलिस का प्रशिक्षण केन्द्र हैं। |
| पहला सदस्य | : | 10 डाउनिंग स्ट्रीट क्यों प्रसिद्ध हैं? |
| सत्तार | : | श्रीमन्, यह लन्दन में है और ब्रिटेन के प्रधानमंत्री का निवास स्थान है। |
| अध्यक्ष | : | क्या आप बता सकते हैं कि भारत में इस्पात के कारखाने कहाँ–कहाँ हैं? कम से कम पाँच के नाम गिनाइए। |
| सत्तार | : | श्रीमन् वे पाँच नाम ये हैं–भिलाई (छत्तीसगढ़), बोकारो (झारखंड), दुर्गापुर (पश्चिमी बंगाल), जमशेदपुर (झारखंड), तथा राउरकेला (उड़ीसा) |
| तीसरा सदस्य | : | साझा कोष (Mutual Fund) क्या है? |
| सत्तार | : | साझा कोष एक ऐसी योजना है जिसमें बैंक या वित्तीय संस्थाओं द्वारा जनता से स्टॉक या यूनिट्स के निर्गमन द्वारा पैसा एकत्रित किया जाता है। इस प्रकार एकत्रित किए गए धन को जनता के |

अधिकतम हित में विनियोजित किया जाता है। विनियोग से जो लाभ प्राप्त होता है उसे सदस्यों में बाँट दिया जाता है। इस योजना की शुरूआत सर्वप्रथम अमेरिका में हुई थी। भारत में यह योजना सर्वप्रथम 1964 में UTI द्वारा प्रारम्भ की गई है।

तीसरा सदस्य : तेजड़िया बाजार (Bull Market) क्या है?

सत्तार : जब बाजार में प्रतिभूतियों का मूल्य निरन्तर रूप से बढ़ता रहता है तथा बाजार में प्रतिभूतियों की माँग निरन्तर बनी रहती है, तो उसे तेजड़िया बाजार कहते हैं।

तीसरा सदस्य : कर्ब मूल्य (Kerb Price) क्या है?

सत्तार : स्टॉक एक्सचेन्ज के कारोबार के समय के पश्चात् एवं स्टॉक एक्सचेन्ज के बाहर प्रतिभूतियों के सौदे जिस मूल्य पर किए जाते हैं उन्हें कर्ब मूल्य कहा जाता है।

अध्यक्ष : आप यह बताइए कि भारत में मुख्य रूप से कितने प्रकार की मिट्टी पाई जाती है?

सत्तार : श्रीमन् चार प्रकार की—1. चिकनी मिट्टी, 2. लाल मिट्टी, 3. काली मिट्टी तथा लेटराइट मिट्टी

पहला सदस्य : काली मिट्टी कहाँ पाई जाती है? उसका क्या उपयोग है?

सत्तार : श्रीमन् मालवा में, यानी उज्जैन और इन्दौर के आसपास के क्षेत्र में काली मिट्टी पाई जाती है। यह मिट्टी काफी उपजाऊ होती है, विशेष करके कपास के लिए।

अध्यक्ष : अच्छा, आप यूरोप के 9 देशों के नाम बताइए।

सत्तार : श्रीमन् यूरोप के 9 देशों के नाम इस प्रकार हैं—फ्रांस, जर्मनी, इटली, सर्बिया,, स्पेन, नार्वे, स्वीडन, हॉलैण्ड, बेल्जियम, डेनमार्क, फिनलैण्ड, पोलैंड, हंगरी, स्विट्जरलैण्ड।

अध्यक्ष : बस, ये नाम काफी हैं। आप बैंक में नौकरी करने आए है। आपने बैंकों के बारे में आवश्यक जानकारी अवश्य प्राप्त कर रखी होगी?

सत्तार : जी हाँ, श्रीमन्।

अध्यक्ष : तो बताइए, बैंकों के क्या कार्य होते हैं?

सत्तार : श्रीमन्, सामान्य भाषा में बैंक का कार्य है जनता के धन को जमा करना और उसे उपयोगी एवं उत्पादक कार्यों में लगाना। भारतीय बैंकिंग अधिनियम 1949 धारा 5 (D) के अनुसार बैंक के कार्यों को इस प्रकार परिभाषित किया गया है–''विनियोजन हेतु जनता से धन जमा करना, जो माँग करने पर तत्काल लौटाया जा सके तथा उक्त धन को विनियोजित करना।'' हुण्डियों को खरीदना, बेचना तथा उनकी धनराशि को वसूल करना–ये भी बैंक के प्रमुख कार्य माने गए हैं। वर्तमान समय में ये भी बैंकों के महत्वपूर्ण कार्य हो गए हैं–कमजोर वर्गों को वित्तीय सहायता देना, लघु उद्योग–धन्धों के लिए ऋण देना तथा बीस सूत्रीय कार्यक्रम को सफल बनाने में पूर्ण सहयोग प्रदान करना। बैंकों को रिजर्व बैंक ऑफ इण्डिया के नीति–नियमों का पालन करना पड़ता है, अतः बैंकों की कुछ सीमाएँ भी हैं–विशेषकर उधार देने के क्षेत्र में एवं बैंक दर के क्षेत्र में।

अध्यक्ष : बैंकों के विभिन्न वर्गों को बताइए।

सत्तार : श्रीमन् मुख्यतः बैंकें चार प्रकार की होती हैं–

1. रिजर्व बैंक ऑफ इण्डिया

2. औद्योगिक विकास बैंक

3. राष्ट्रीय कृषि तथा ग्रामीण विकास बैंक (National Bank of Agriculture and Rural Development) तथा

4 भारतीय निर्यात–आयात बैंक (Export-Import Bank of India)

उपर्युक्त बैंकों को शिखर बैंकें भी कहते हैं। इनके अलावा भारत में अन्य प्रकार की भी बैंकें कार्यरत हैं, यथा–

1. व्यावसायिक बैंक

2. ग्रामीण बैंक (प्रायः कृषि पूरक व्यवसाय तक सीमित)

3. सहकारी बैंक

4. भूमि–विकास बैंक

पहला सदस्य : भारतीय स्टेट बैंक किस प्रकार का बैंक है?

सत्तार : श्रीमन! भारत में व्यावसायिक बैंकें दो प्रकार की हैं–भारतीय व्यावसायिक बैंकें तथा विदेशी व्यावसायिक बैंकें।

विदेशी व्यावसायिक बैंकें केवल निजी क्षेत्र से सम्बद्ध हैं। भारतीय व्यावसायिक बैंकें निजी क्षेत्र तथा सार्वजनिक क्षेत्र दोनों से सम्बद्ध हैं।

सार्वजनिक क्षेत्र में दो प्रकार की बैंकें कार्यरत हैं।

(अ) भारतीय स्टेट बैंक समूह और अन्य राष्ट्रीयकृत बैंकें।

इस प्रकार व्यावसायिक बैंक वर्ग के अन्तर्गत भारतीय व्यावसायिक बैंक उपवर्ग के सार्वजनिक क्षेत्र में भारतीय स्टेट बैंक शीर्ष स्थान की बैंक है।

अध्यक्ष : भारत में बैंकों के इतिहास को संक्षेप में बताइए।

सत्तार : श्रीमन् विशेष अवसरों पर विशेष धनराशि की आवश्यकता ने बैंक आन्दोलन को जन्म दिया।

बैंकिंग का प्रथम स्पष्ट उल्लेख कौटिल्य के अर्थशास्त्र में मिलता है। अंग्रेजी शासनकाल में बैंकिंग आंदोलन का जन्म हुआ। ईस्ट इण्डिया कम्पनी के आगमन पर विदेशी व्यापार को सुगम बनाने के लिए आधुनिक बैंकिंग का जन्म हुआ। 18वीं सदी के प्रथम चरण से भारत में बैंक–आन्दोलन का इतिहास क्रमबद्ध रूप में मिलता है। बैंक ऑफ बम्बई प्रथम वास्तविक बैंक है। इसकी स्थापना सन् 1843 में हुई।

अध्यक्ष : सहकारी बैंकों के आंदोलन के बारे में आप क्या जानते हैं?

सत्तार : श्रीमन्, गाँव के महाजन के छुटकारा दिलाने के लिए सहकारी बैंकों की स्थापना हुई। सन् 1904 में इसके लिए आवश्यक कानून बनाया गया। आरम्भ में सहकारी बैंकों द्वारा केवल सदस्यों को ही ऋण दिया जाता था। इनमें सुधार के लिए सन् 1912, 1919, 1930 तथा 1935 में कानून बनाए गए। अन्तिम कानून 1982 में बनाया गया।

इसके द्वारा ये बैंकें राष्ट्रीयकृत बैंकें तथा ग्रामीण विकास बैंकों को हस्तांतरित कर दी गई। अब ये बैंकें ग्रामीण विकास में तथा बीस सूत्रीय कार्यक्रम में पूरा योगदान कर रही हैं।

**दूसरा सदस्य :** भारतीय स्टेट बैंक की स्थापना कब हुई?

**सत्तार :** श्रीमन् 1 जुलाई सन् 1955 को। इसके पूर्व इसका नाम इम्पीरियल बैंक ऑफ इण्डिया था। इसकी स्थापना अंग्रेजी शासन काल में 20 जनवरी, 1921 को तीन प्रांतीय अधिकोषों को मिलाकर की गई थी—बैंक ऑफ बंगाल, बैंक ऑफ बम्बई और बैंक ऑफ मद्रास।

**अध्यक्ष :** रिजर्व बैंक से आप क्या समझते हैं?

**सत्तार :** श्रीमन् शब्दार्थ के अनुसार रिजर्व बैंक वह बैंक हैं जो रिजर्व अथवा आरक्षित हो तथा संयमित हो। यह बैंक करेंसी नोट जारी करता है और इस संदर्भ में आरक्षित धनराशि रखता है।

यह एक प्रकार से केन्द्रीय बैंक है तथा सरकार की अर्थनीति को गोपनीय एवं सुरक्षित रखता है।

**दूसरा सदस्य :** बैंकों का राष्ट्रीयकरण कब किया गया?

**सत्तार :** श्रीमन्, 11 जुलाई सन् 1969 को। इस समय 14 बैंकों का राष्ट्रीयकरण किया गया। इनमें केवल वे बैंक थे जिनकी जमा पूँजी कम से कम 50 करोड़ रुपये थी। इसके बाद 15 अप्रैल, सन् 1980 को 6 अन्य बैंकों का राष्ट्रीयकरण किया गया।

भारतीय स्टेट बैंक का राष्ट्रीयकरण सन् 1969 के पूर्व हो चुका था। इसके साथ भारतीय स्टेट बैंक की सहायक बैंकों के रूप में सात बैंकों का राष्ट्रीयकरण किया गया था।

**दूसरा सदस्य :** वे सात बैंकें कौन–सी हैं?

**सत्तार :** श्रीमन् उनके नाम हैं 1. स्टेट बैंक ऑफ हैदराबाद, 2. स्टेट बैंक ऑफ मैसूर, 3. स्टेट बैंक ऑफ ट्रावनकोर, 4. स्टेट बैंक ऑफ बीकानेर एवं जयपुर, 5. स्टेट बैंक ऑफ सौराष्ट्र, 6. स्टेट बैंक ऑफ पटियाला और 7. स्टेट बैंक ऑफ इन्दौर। इनमें से स्टेट बैंक ऑफ सौराष्ट्र तथा स्टेट बैंक ऑफ इन्दौर का भारतीय स्टेट बैंक में विलय हो चुका है।

| | | |
|---|---|---|
| अध्यक्ष | : | राष्ट्रीयकृत कुल बैंकों की संख्या कितनी है? |
| सत्तार | : | श्रीमन् कुल राष्ट्रीय बैंकों की संख्या 19 है। |

(क) स्टेट बैंक ऑफ इण्डिया तथा उसकी पाँच सहायक बैंकें

(ख) सन् 1969 में राष्ट्रीयकृत बैंकों की संख्या 14

(ग) सन् 1980 में राष्ट्रीयकृत बैंकों की सख्या 6

**दूसरा सदस्य** : सन् 1980 में स्थापित राष्ट्रीयकृत बैंकों के नाम बताइये।

**सत्तार** : श्रीमन् सन् 1980 में स्थापित राष्ट्रीयकृत बैंकों के नाम इस प्रकार हैं:

1. आन्ध्र बैंक, 2. न्यू बैंक ऑफ इण्डिया, 3. ओरियण्टल बैंक ऑफ कॉमर्स, 4. पंजाब एण्ड सिंध बैंक, 5. विजया बैंक तथा 6. कॉर्पोरेशन बैंक।

**अध्यक्ष** : आप बैंक में नौकरी क्यों करना चाहते हैं?

**सत्तार** : श्रीमन् इसके कई कारण हैं– 1. वेतनक्रम, 2. तरक्की की सम्भावनाएँ अधिक हैं, क्योंकि यह विकासमान विभाग है, बैंकों की नित्य नई शाखाएँ खुल रही हैं, 3. नौकरी सुरक्षित है, 4. ऋण की विशेष सुविधाएँ प्राप्त हैं–अतः जीवन में स्थापित होना अपेक्षाकृत सरल है।

**अध्यक्ष** : आपका साक्षात्कार अब समाप्त हुआ। अब आप जा सकते हैं।

**सत्तार** : धन्यवाद श्रीमान।

---

**निष्कर्ष:** श्री सत्तार अहमद का व्यक्तित्व आकर्षक है। उनसे विषयगत एवं समसामयिक मामलों से जुड़े प्रश्न पूछे गए। अहमद ने सभी प्रश्नों का उत्तर आत्मविश्वास से दिया। साक्षात्कार मंडल के सभी सदस्य संतुष्ट नजर आए। इनकी सफलता अपेक्षित है।

## 2. बैंक पी.ओ. परीक्षा के लिए

वर्तमान युग प्रतिस्पर्द्धा का युग है। मानव जीवन का शायद ही ऐसा कोई क्षेत्र है जो प्रतियोगिता से अछूता है। निःसंदेह गन्तव्य का मार्ग जटिल है, पर असंभव कदापि नहीं। मानव ने सदा चुनौतियों का साक्षात्कार साहस, आत्मविश्वास तथा दृढ़ निश्चय जैसे मानवीय गुणों के समन्वित सहयोग से सफलतापूर्वक किया है। यथार्थतः जीवन में उन्नयन के लिए प्रारब्ध से कहीं अधिक पुरुषार्थ की आवश्यकता होती है। परिश्रम से सफलता का मार्ग प्रशस्त होता है। आइए अब हम विषय वस्तु पर लौटें।

साक्षात्कार आज सामान्यतः सभी प्रतियोगिता परीक्षाओं का महत्त्वपूर्ण अंग बन गया है। सिविल-सेवा हो या राज्य स्तरीय सेवा, बैंक सेवा हो या प्रबंधन का क्षेत्र हो, इन सभी में सफलता प्राप्त करने के लिए साक्षात्कार में शामिल होना आवश्यक हो गया है। साक्षात्कार किसी व्यक्ति के ज्ञान, व्यक्तित्व एवं उसकी अभिव्यक्ति की क्षमता को जाँचने का एक सशक्त माध्यम है। यह किसी व्यक्ति की अन्तः दृष्टि को प्रदर्शित करता है। साक्षात्कार, चयन की एक बहुप्रचलित तकनीक है। भारतीय अर्थव्यवस्था के वैश्वीकरण एवं निजीकरण के परिणामस्वरूप अभ्यर्थियों के लिए विविध क्षेत्रों में नौकरी के सुनहरे अवसर प्राप्त हुए हैं। अभ्यर्थियों की संख्या में भी वृद्धि हुई है। प्रतियोगिता स्वाभाविक है। छात्र निजी क्षेत्र की ओर भी आकर्षित हो रहे हैं। निःसन्देह प्रतियोगिता संघर्ष करने की क्षमता देती है एवं अपने को बेहतर बनाने के लिए प्रेरित करती है। प्रतियोगिता के इस युग में निश्चितरूपेण साक्षात्कार का महत्व बढ़ गया है। एक अच्छी नौकरी प्राप्त करने के लिए या किसी ख्यात प्रबंधन संस्थान में प्रवेश के लिए यह एक लौह-द्वार की तरह है, जिसे सफलतापूर्वक तोड़कर ही वांछित लक्ष्य प्राप्त किया जा सकता है। अतः अभ्यर्थियों को साक्षात्कार की महत्ता को आत्मसात् कर इसकी पूरी तैयारी करनी चाहिए। स्पष्टतः साक्षात्कार का उद्देश्य उपयुक्त कार्य (Job) के लिए सर्वोत्तम व्यक्ति का चयन करना है। भावी अभ्यर्थियों की सुविधा के लिए यहां एक मॉडल साक्षात्कार प्रस्तुत किया जा रहा है। इसके अभ्यास से छात्र अवश्य लाभान्वित होंगे। कहा भी गया है-अभ्यास पूर्णता प्रदान करता है।

**अभ्यर्थी :** श्री मनोज कुमार एक प्रतिभावान छात्र हैं। इनका छात्र जीवन काफी उज्ज्वल रहा है। इन्होंने पटना कॉलेज पटना से बी. ए. इतिहास ( प्रतिष्ठा ) की डिग्री प्राप्त करने के प्रश्चात् प्रतिष्ठित पटना विश्वविद्यालय से इतिहास में स्नातकोत्तर किया है। सभी परीक्षाओं में इन्हें उच्च अंक प्राप्त हुए हैं। इनकी अर्थशास्त्र में भी अभिरूचि रही है। स्नातक स्तर तक अर्थशास्त्र भी इनका प्रिय विषय रहा है। क्रिकेट खेलना, दीन छात्रों एवं वयस्कों को पढ़ाना इनकी अभिरूचि में शामिल है। श्री कुमार विश्वास करते हैं कि लक्ष्य की प्राप्ति के लिए सतत् प्रयास, धैर्य एवं आत्मविश्वास का होना बहुत आवश्यक है। आज के प्रतिस्पर्द्धात्मक युग में धैर्य की ही परीक्षा होती है।

पटना विश्वविद्यालय में एम. ए. में नामांकन के पश्चात् ही श्री कुमार नौकरी प्राप्त करने के की दिशा में प्रयासरत हुए। इन्हें कई सफलताएं मिलीं। गहन आत्मचिंतन एवं अन्य वरीय छात्रें व मित्रों से विचार विमर्श के पश्चात् इन्होंने बैंक परिवीक्षाधीन पदाधिकारी (P.O) की तैयारी करने का निर्णय लिया। श्री कुमार अध्ययन के प्रति गंभीर रहे हैं। दृढ़ निश्चय इनकी प्रकृति है। सच ही कहा गया है कि सफलता के लिए प्रारम्भ से कहीं अधिक परिश्रम का महत्व है। परिश्रम व्यर्थ नहीं जाता। उनको एक प्रतिष्ठित सार्वजनिक बैंक के पी. ओ. की लिखित परीक्षा में सफलता मिली है। अध्ययनशील मनोज साक्षात्कार की तैयारी में समर्पित रहे। समाचारपत्र और पत्रिकाओं का नियमित अध्ययन किया। वांछित सफलता की आशा में साक्षात्कार के लिए निर्धारित स्थल पर नियत समय से पूर्व ही पहुँच गए। श्री कुमार बगैर तड़क-भड़क वाले लेकिन आकर्षक पोशाक से सुसज्जित होकर साक्षात्कार-कक्ष से संबद्ध प्रतीक्षा कक्ष में बैठकर अपनी बारी का इंतजार कर रहे थे। उत्सुकता का भाव उनके चेहरे से स्पष्ट दृष्टिगोचर था। प्रतीक्षा का पल समाप्त हुआ। उनका नाम पुकारा गया। आत्मविश्वास से भरे कदमों के साथ वे साक्षात्कार-कक्ष की ओर अग्रसर हुए।

| | | |
|---|---|---|
| साक्षात्कार मंडल | : | साक्षात्कार मंडल में अध्यक्ष के अतिरिक्त तीन अन्य सदस्य हैं। अध्यक्ष एक प्रतिष्ठित बैंक के प्रबंध निदेशक हैं और लब्ध प्रतिष्ठ विद्वान एवं कुशल प्रशासक हैं। सदस्यगण भी अपने–अपने कार्य क्षेत्र के एक हस्ताक्षर हैं। |

मनोज : May I come in, sir?

(दरवाजा धीरे से खोलकर मनोज ने अध्यक्ष से प्रवेश करने की अनुमति मांगी)

अध्यक्ष : Yes, come in.

मनोज : Good morning to all of you, sir!

अध्यक्ष : Good morning, please take your seat.

मनोज : Thank you, sir.

(मनोज ने निर्धारित कुर्सी पर स्थान ग्रहण किया)

अध्यक्ष : Mr. Kumar, please inform us about your family.

मनोज : Sir, I wish to speak in Hindi, if allowed.

अध्यक्ष : Yes, you may speak in Hindi, but whenever needed also speak in English.

मनोज : महाशय, मैं एक मध्यमवर्गीय परिवार का सदस्य हूँ। मेरे पिताजी उच्च विद्यालय में गणित के सहायक शिक्षक हैं एवं मेरी माँ एक कुशल गृहिणी हैं। हम दो भाई एवं एक बहन हैं। मैं इनमें सबसे बड़ा हूँ। कृषि भी हमारा व्यवसाय है।

अध्यक्ष : आप समाचार पत्र पढ़ते हैं। आज के समाचार पत्रों में मुख्य समाचार क्या हैं?

मनोज : आज के समाचार पत्रों में भारत–अमेरिका असैन्य परमाणु समझौता पर विशेष सामग्री थी। 11 अक्टूबर को प्रणव मुखर्जी एवं कोंडोलीजा राइस ने इस पर हस्ताक्षर किया।

अध्यक्ष : यदि कोई पक्ष इस समझौते से हटना चाहे तो उसे क्या करना होगा?

मनोज : महाशय, 123 समझौते की धारा 5.6 के तहत प्रावधान है कि एक वर्ष का नोटिस देकर कोई पक्ष अलग हो सकता है बशर्ते कारण न्यायोचित हो।

अध्यक्ष : आप लेखापाल के पद पर कार्यरत हैं, तो फिर आप बैंक पी.ओ. की नौकरी क्यों चाहते हैं यद्यपि यह काफी जोखिम भरा है एवं इसमें कड़ी मेहनत की आवश्यकता है?

| | | |
|---|---|---|
| मनोज | : | यह सही है कि मैं अभी एकाउन्टेन्ट हूँ तथा यह बैंक की सर्विस से कम जोखिम भरा कार्य है, परन्तु मुझे बैंकिंग व्यवसाय ज्यादा पसन्द है; क्योंकि यह चुनौतीभरा (challenging) कार्य है। रही बात ज्यादा परिश्रम की, तो मैं इसका अभ्यस्त हूँ तथा यह मुझे सुख प्रदान करता है। |
| पहला सदस्य | : | मनोज जी, आप पहले एक सार्वजनिक बैंक में क्लर्क पद पर कार्यरत थे तथा आप बैंक को अपनी पसन्द बता रहे हैं, तो फिर उसे आपने क्यों छोड़ दिया? |
| मनोज | : | मैं जब उपरोक्त बैंक में कार्य कर रहा था, तो मुझे यह अनुभव होने लगा कि इस कार्य की वजह से मैं अपने वास्तविक लक्ष्य–बैंक में पी. ओ. बनने से दूर हो रहा हूँ क्योंकि मेरी पोस्टिंग अर्धशहरी इलाके में थी और छुट्टियाँ भी शुरू में नहीं के बराबर मिलती थीं, जिस कारण परीक्षाएँ देने में मुझे दिक्कत होने लगी। इसके अलावा, एक और वजह यह थी कि मेरा चयन एकाउन्टेंट पद के लिए मेरे वर्तमान निवास स्थान पर पहले ही हो चुका था। |
| अध्यक्ष | : | इसका मतलब अभी आपके वर्तमान जिम्मेदारी में कम कार्य है? |
| मनोज | : | जी हाँ, यहाँ बैंक की तुलना में कम कार्य होता है तथा जो कार्य होता भी है वह भी Red tapism की वजह से धीमी गति से होता है। |
| अध्यक्ष | : | Red tapism के बारे में कुछ बताएँगे, आप इसे दूर करने की कोशिश क्यों नहीं करते? |
| मनोज | : | Red tapism सरकारी कार्यों में बेवजह की देर की मुख्य वजह है। इसका एक कारण प्रत्येक कार्य के लिए तैयार विशेष प्रक्रिया है। हर कार्य को उस विशेष प्रक्रिया के तहत ही किया जाता है तथा उसे किसी सरल प्रक्रिया के तहत नहीं किया जा सकता है। जहाँ तक प्रश्न है मेरे द्वारा इसे दूर करने की कोशिश की, तो मैं अभी जिस स्थिति में हूँ मैं कुछ भी नहीं कर सकता। |
| पहला सदस्य | : | यदि दूसरों से अपेक्षा करते हैं कि वे ईमानदार बनें तो आप क्या करेंगे? |
| मनोज | : | मैं सबसे पहले खुद ईमानदार बनूँगा उसके बाद दूसरों को भी सलाह दूँगा कि वे ईमानदार बनें। ईमानदार होने के लाभों से उन्हें अवगत करने की कोशिश करूँगा। |

| | | |
|---|---|---|
| अध्यक्ष | : | तो फिर इसी तरह से Red tapism को दूर करने की कोशिश क्यों नहीं करते? |
| मनोज | : | इस तरीके से इसे दूर करना संभव नहीं है; क्योंकि मैं अपने ऑफिसरों की अनदेखी करके स्वयं पहल करने में असमर्थ हूँ। जब मैं पहल नहीं कर सकता, तो दूसरों को क्या सलाह दूँगा। |
| दूसरा सदस्य | : | Please, tell me about autonomy of banks. |
| मनोज | : | अभी तक बैंकों पर दोहरा नियंत्रण है–एक केन्द्र सरकार के वित्त मंत्रालय का तथा दूसरा भारतीय रिजर्व बैंक का। अब इन पर नियंत्रणों को कम करने की बात चल रही है, जिसके लिए एक मापदंड निर्धारित किया गया है जिसके तहत आने वाले बैंकों को कई तरह के नियंत्रणों से मुक्त किया जायेगा, जिसमें अपने कर्मचारियों के वेतन तथा भत्ते तय करना, अपनी जरूरत के मुताबिक तकनीकी तथा व्यवसायिक लोगों को भर्ती करना आदि शामिल है। |
| दूसरा सदस्य | : | आप History विषय में Post Graduate हैं। इस वर्ग में आपने कितने Papers पढ़े और कौन–कौन? |
| मनोज | : | आठ पेपर। प्रथम–World Civilisations, Medieval Europe, Modern World ... |
| अध्यक्ष | : | (बीच में काटते हुए) देखिए हम लोगों ने इतिहास का कभी अध्ययन नहीं किया लेकिन कुछ उत्सुकता है। क्या आप उत्तर दे सकेंगे? |
| मनोज | : | (बड़ी शालीनता के साथ मुस्कुराते हुए मनोज ने कहा) क्यों नहीं। |
| अध्यक्ष | : | हम्मूराबी कौन था? |
| मनोज | : | हम्मूराबी बेबिलोनिया का महान शासक था। वह विश्व इतिहास में एक महान विजेता, सफल सैनिक तथा योग्य विधि निर्माता था। हम्मूराबी का Civil Code काफी प्रसिद्ध है। |
| पहला सदस्य | : | मेसोपोटामिया की सभ्यता किन दो नदियों के बीच है? |
| मनोज | : | दजला एवं फरात। |
| दूसरा सदस्य | : | Sphinx (स्फिंक्स) क्या है? |
| मनोज | : | मिस्र की सभ्यता में एक पिरामिडनुमा आकृति जिसका शरीर सिंह और मुँह मनुष्य का था। |

दूसरा सदस्य : कन्फ्यूशियस तथा आलोत्से कौन थे?

मनोज : चीन के दो महान दार्शनिक व विद्वान थे। (मनोज ने इनका कुछ दर्शन भी बताया)

तीसरा सदस्य : Blue River कौन है?

मनोज : नील।

अध्यक्ष : बैंक दर क्या है?

मनोज : केन्द्रीय बैंक जिस दर पर वाणिज्यिक बैंकों को ऋण देती है, उस दर को बैंक दर कहते हैं।

अध्यक्ष : आपने Hobby में लिखा है Educating illiterates voluntarily. कैसे करते हैं आप यह?

मनोज : सर मैं अपने शहर में ही ऐसे लोगों को अक्षर–ज्ञान देता हूँ जिनके पास पढ़ने के लिये समय या पैसा का अभाव होता है। अपने खाली समय में वे मेरे पास आते हैं। एक बार में मैं पाँच–छह लोगों को ही चुनता हूँ।

अध्यक्ष : इससे क्या फायदा हुआ है?

मनोज : सर, मैं यह अपने फायदे के लिए नहीं करता इसलिए कोई Tangible Profit का तो प्रश्न नहीं उठता। हाँ इससे मेरा अंतर्मन जरूर Appease होता है कि मानवता के लिए मैं कुछ कर रहा हूँ। जो लोग मुझसे अक्षर ज्ञान लेते हैं उनमें स्वाभिमान की भावना भी आती है।

तीसरा सदस्य : Magazine कौन–कौन सी पढ़ते हैं?

मनोज : Frontline, Outlook, प्रतियोगिता किरण और Wisdom आदि।

अध्यक्ष : अच्छा, यह बताइये कि भारत को Forex किन स्रोतों से प्राप्त होता है?

मनोज : सर, Exports से और External Borrowings से।

अध्यक्ष : और कोई स्रोत।

मनोज : Sorry Sir, I don't know. (शायद वे मनोज से NRI Deposits के बारे में जानना चाहते थे जो तत्काल मनोज के ध्यान में नहीं था।)

तीसरा सदस्य : NRI कौन होते हैं?

मनोज : भारतीय मूल के वैसे व्यक्ति जो विदेशों में बस जाने और वहाँ की नागरिकता ले लेने के कारण भारत की नागरिकता खो चुके होते हैं।

पहला सदस्य : अच्छा, आप देख रहे हैं कि भारत में अब विदेशी बैंक आ रहे हैं और competitiveness काफी बढ़ गयी है। इस दौर में सार्वजनिक क्षेत्र के बैंकों को कहाँ पाते हैं आप?

मनोज : सर, इसमें मुझे परेशान करने वाली कोई बात नजर नहीं आती। Public Sector Banks का network काफी विस्तृत है और goodwill भी काफी है। अतः यदि Market में competitiveness बढ़ता भी है तो यह भला ही करेगा। चाहिए यह कि ये बैंक quick service प्रदान करें। Expansion process को थोड़ा धीमा करके employees को और management को quality of service पर ध्यान देना चाहिए। इसके लिए perks and incentives को attractive बनाया जाना चाहिए। दूसरी तरफ यह भी ध्यान देने की बात है कि सार्वजनिक क्षेत्र के बैंकों पर जरूरत से ज्यादा Control है। एक तरफ Finance ministry है, Banking Division है तो दूसरी तरफ RBI और Bank का अपना Management। इसे कम किया जाय।

पहला सदस्य : Non Performing Assets क्या होते हैं?

मनोज : ये Bank के ऐसे Debts हैं जिनकी Recovery की संभावना काफी कम होती है। कुछ समय बाद इन्हें Bad debts के रूप में Write off कर दिया जाता है। (मनोज का जवाब संतोषप्रद नहीं था)।

पहला सदस्य : इन्हें कम करने के उपाय?

मनोज : इसका सबसे उचित उपाय है कि Bank Debts का Politicisation बंद किया जाय। समय–समय पर subsidisation पर और ऋण माफी पर रोक लगे तथा वसूली के लिए कड़े कदम उठाये जाएँ।

अध्यक्ष : You may go now.

मनोज : Thank you, sir.

---

**निष्कर्ष:** मनोज ने बोर्ड के अध्यक्ष एवं अन्य सदस्यों का अभिवादन किया। मनोज का साक्षात्कार 25–30 मिनट तक चला। उनसे विविध क्षेत्रों से प्रश्न पूछे गए। मनोज ने ध्यानपूर्वक प्रश्नों को सुना एवं गंभीरता से उत्तर दिया। कुछ ऐसे भी प्रश्न पूछे गए जो मनोज के लिए अपरिचित थे। तथापि मनोज ने हिम्मत नहीं हारी, धैर्य नहीं खोया। मनोज ने साक्षात्कार के दौरान शिष्टाचार एवं शालीनता बखूबी निभायी। उन्होंने बोर्ड का विश्वास जीतने का भरसक प्रयास किया। उनकी सफलता सुनिश्चित प्रतीत होती है।

## 3. बैंक परिवीक्षाधीन पदाधिकारी ( पी.ओ. ) के लिए

श्री रजनीश कुमार पटना, ( बिहार ) के निवासी हैं। इनके पिताजी सरकारी सेवा में हैं एवं इनकी माता जी एक कुशल गृहिणी हैं। श्री कुमार ने पटना विश्वविद्यालय से वर्ष 2006 में एम. कॉम किया है। प्रतिभा संपन्न श्री कुमार ने बैंकिंग सेवा की ओर अपने को उन्मुख किया। इन्होंने प्रोबैशनरी ऑफिसर संबंधी परीक्षा दी। इनके श्रम ने वांछित परिणाम प्रदान किया। इन्होंने एक प्रतिष्ठित सार्वजनिक बैंक की पी.ओ. की लिखित परीक्षा में सफलता प्राप्त की। आलोच्य परीक्षा में सफलता प्राप्त करने के परिमाणस्वरूप उन्हें साक्षात्कार हेतु बुलाया गया है।

श्री कुमार साक्षात्कार कक्ष के सामने प्रार्थियों के बैठने के लिए निर्धारित स्थान पर अन्य अभ्यर्थियों के साथ बैठे हुए हैं। वे सभी आपस में विविध विषयों पर बातचीत कर रहे हैं एवं अपनी बारी की प्रतीक्षा कर रहे हैं। साक्षात्कार के लिए उपस्थित अभ्यर्थियों में तीन महिलायें एवं पांच पुरुष हैं। हॉकी एवं क्रिकेट में रूचि रखने वाले श्री रजनीश कुमार को आदेश पाल द्वारा साक्षात्कार के लिए बुलाया जाता है। साक्षात्कार मण्डल में अध्यक्ष के अतिरिक्त तीन सदस्य हैं। श्री कुमार साक्षात्कार कक्ष की ओर विश्वस्त कदमों से बढ़ते हैं। दरवाजे पर पहुँच कर वह रुकते हैं। अंदर जाने की आज्ञा मांगते हैं एवं अनुमति पाकर अंदर प्रवेश करते हैं। वह साक्षात्कार मण्डल के सभी सदस्यों का सादर अभिवादन करते हैं।

अध्यक्ष : आइए श्री कुमार, आप अपना स्थान ग्रहण कीजिए।

रजनीश : धन्यवाद श्रीमान्।
(वह धीरे से निर्दिष्ट कुर्सी पर बैठते हैं।)

अध्यक्ष : श्री कुमार, आप कहाँ से आए हैं?

रजनीश : महाशय, मैं पटना, बिहार से आया हूँ।

अध्यक्ष : आपने एम. कॉम किया है। बी. कॉम. में आपके अन्य विषय क्या थे?

रजनीश : श्रीमान्, बी. कॉम. में मेरे ऐच्छिक विषय इतिहास एवं भूगोल थे।

अध्यक्ष : आपने आज का समाचार पत्र देखा! इनमें मुख्य समाचार क्या है?

रजनीश : महाशय, आज के समाचार पत्र में पाकिस्तान में राष्ट्रपति परवेज मुशर्रफ द्वारा आपातकाल लागू करने के समाचार को प्रमुखता दी गई है।

अध्यक्ष : किसी उत्पादन कार्य को प्रारम्भ करने के विषय में आपका क्या विचार है? उस परिस्थिति में आपको नौकरी ढूँढ़ने की आवश्यकता ही नहीं रहेगी।

रजनीश : जी, श्रीमान्, किसी भी कार्य को प्रारम्भ करने के लिए पर्याप्त पूँजी की आवश्यकता होती है और दुर्भाग्य से मेरे पास पूँजी का अभाव है।

अध्यक्ष : आजकल अखबारों में स्वयं रोजगार के विषय में नियमित खबरें छप रही हैं। उस योजना के अनुसार तो शिक्षित बेरोजगारों को बैंकों से ऋण देने की व्यवस्था है। आप इस योजना का लाभ क्यों नहीं उठाते हैं?

रजनीश : श्रीमान्, यह तो सही है कि सरकार की ओर से एक ऐसी योजना चल रही है, किन्तु उसका लाभ केवल कुछ गिने–चुने व्यक्तियों को ही प्राप्त होता है। मुझे यह विश्वास नहीं है कि बैंक से मुझे इस प्रकार का ऋण भी प्राप्त हो सकेगा।

अध्यक्ष : यदि सभी आप की तरह सोचने लगें तो सरकार अपनी नीति को कैसे पूरा कर पायेगी? फिर, मैनें सुना है कि लगभग पाँच लाख बेरोजगार किन्तु शिक्षित व्यक्तियों ने इस प्रकार के बैंक ऋण के लिये आवेदन–पत्र दिये हैं।

रजनीश : श्रीमान् आप ठीक कह रहे हैं, सभी अखबारों में भी इस प्रकार की खबरे छपी हैं, किन्तु वास्तविकता यह है कि इन आवेदकों में से कम व्यक्तियों के लिए DIC (District Industries Centres) द्वारा की गई सिफारिश पर ऋण प्राप्त हो सका है।

अध्यक्ष : मि. कुमार, आप बैंक सेवा में क्यों जाना चाहते हैं?

रजनीश : श्रीमान्, मेरा विचार यह है कि बैंक–सेवा का स्वरूप स्वच्छ एवं स्वस्थ है। इसके अतिरिक्त बैंक की नौकरी एक प्रकार की चुनौती

है जिसे मैं सहर्ष स्वीकार करना चाहता हूँ। अन्य कार्यों में शायद मुझे इस प्रकार की सुविधाएँ उपलब्ध न हो सकें। एक बात और, अब बैंकों के अधिकारियों को अच्छी तनख्वाह एवं अन्य सुविधाएँ उपलब्ध होती हैं।

पहला सदस्य : आप आधुनिक बैंक की कार्य पद्धति के विषय में क्या जानते हैं?

रजनीश : श्रीमान् इस विषय पर अभी मेरी जानकारी कम है, फिर भी, मेरा विचार है कि वास्तविक कार्य करने से पहले बैंक–प्रशिक्षण स्टाफ द्वारा सभी प्रकार प्रशिक्षण दिया जाता है। इस प्रशिक्षण के फलस्वरूप किसी भी अधिकारी के लिए सही तरह से कार्य करने में कोई कठिनाई नहीं होती।

पहला सदस्य : अभी बैंकों में अधिकांश काम–काज अंग्रेजी में ही होता है, जबकि अनेक ग्राहक अंग्रेजी नहीं जानते। एक अधिकारी के रूप में आप इस कठिनाई को कैसे दूर कर सकते हैं?

रजनीश : श्रीमान् यह तो सही है कि बैंकों में अधिकांश कार्य अंग्रेजी में ही होता है किन्तु सभी क्षेत्रों में अंग्रेजी के साथ–साथ क्षेत्रीय भाषाओं का भी व्यवहार किया जाता है। ग्राहकों को चाहे वह पुरुष हो या स्त्री, बैंक स्टाफ द्वारा सभी प्रकार का सहयोग दिया जाता है, जिसमें क्षेत्रीय भाषा का व्यवहार एवं विशिष्ट जानकारी प्रदान करना भी शामिल है। वैसे, बैंक के ग्राहक धीरे–धीरे बैंक सम्बन्धी काम–काज स्वयं ही सीखते हैं। फलस्वरूप प्रायः कोई कठिनाई नहीं होती। फिर भी यदि कोई कठिनाई किसी ग्राहक को हो तो मैं उसे दूर करने का प्रयास करूँगा।

पहला सदस्य : ए.डी.बी. क्या है?

रजनीश : श्रीमान्, यह Asian Development Bank है, जोकि सदस्य देशों को विकास कार्य के लिए शर्तों पर ऋण उपलब्ध कराती है।

अध्यक्ष : UNCTAD (अंकटाड) क्या है?

रजनीश : श्रीमान् यह United Nations Conference on Trade and Development का संक्षिप्त रूप है।

दूसरा सदस्य : मि. रजनीश डेल्टा (Delta) किसे कहते हैं?

रजनीश : श्रीमान् ''नदियों द्वारा अपने मुहाने पर मिट्टी जमा कर देने से जो तिकोनी भूमि बन जाती है, उसे डेल्टा कहते है।'' भूमि सम्बन्धी विद्वानों का यह मत है कि इस प्रकार की भूमि अत्यन्त उपजाऊ होती है। वैसे सामान्यतः इन स्थानों में वन अधिक पाये जाते हैं, भारत में गंगा नदी जहाँ समुद्र में गिरती है, उसके पास सुन्दरवन है जो एक बड़ा एवं घना जंगल है। 'डेल्टा' शब्द इसके तिकोने स्वरूप के कारण व्यवहार में प्रयुक्त होता है।

पहला सदस्य : 'रेड इंडियन' किनके लिए प्रयोग किया जाता है?

रजनीश : श्रीमान्, उत्तरी अमेरिका एवं कनाडा में पाये जाने वाले एक विशेष जाति के लिए यह शब्द 'रेड इण्डियन' प्रयोग किया जाता है। यद्यपि इसमें 'इण्डियन' शब्द का प्रयोग होता है तथापि यह किसी भी तरह भारतीय वंश परम्परा से सम्बन्धित नहीं है।

पहला सदस्य : अब अधिकांश बैंकों द्वारा टेलेक्स का प्रयोग होता है। यह टेलेक्स क्या है?

रजनीश : श्रीमान्, टेलेक्स का वास्तविक अर्थ टेलीप्रिण्टर एक्सचेंज है। जिस व्यक्ति या संस्था के पास टेलेक्स सुविधा उपलब्ध है, वह अपने टेलिप्रिण्टर पर अन्य व्यक्ति या संस्था को फौरन सूचना दे सकता है। इससे सूचना भेजने व प्राप्त करने का कार्य कम से कम समय में पूरा हो जाता है। बड़े एवं व्यस्त संस्थाओं के लिए टेलेक्स वरदान–स्वरूप है।

दूसरा सदस्य : अमेरिका और भारत के राष्ट्रपतियों की स्थितियों में क्या अन्तर है?

रजनीश : श्रीमान्, अमेरिका का राष्ट्रपति कार्यपालिका का वास्तविक प्रधान होता है। उसका निर्वाचन सिद्धान्ततः प्रत्यक्ष होता है, इसलिए वह बहुत शक्तिशाली है; उसे केवल कांग्रेस द्वारा महाभियोग द्वारा हटाया जा सकता है।

भारत का राष्ट्रपति नाम मात्र का (Nominal) हेड ऑफ स्टेट होता है, राष्ट्र के सारे कार्य उसके नाम से होते हैं, किन्तु वास्तविक शक्ति

संसद के प्रति उत्तरदायी मंत्रिपरिषद के हाथ में होती है जिसका नेता प्रधानमंत्री होता है। भारत के राष्ट्रपति का निर्वाचन अप्रत्यक्ष होता हैं। संसदीय शासन प्रणाली के सिद्धान्त के अनुसार राष्ट्रपति, मंत्रिपरिषद की सलाह पर कार्य करने हेतु बाध्य है। अमेरिका का राष्ट्रपति ऐसा करने के लिए बाध्य नहीं है। भारत के राष्ट्रपति ऐसा करने के लिए बाध्य नहीं है। भारत के राष्ट्रपति को भी हटाने के लिए महाभियोग की प्रक्रिया का विधान है। यह प्रक्रिया बहुत जटिल है।

दूसरा सदस्य : बैंकों के राष्ट्रीयकरण से लाभ हुआ है या हानि?

रजनीश : श्रीमान्, इस सम्बन्ध में दो मत हैं। एक वर्ग का तो यह कहना है कि राष्ट्रीयकरण के फलस्वरूप बैंक के कार्य एवं कार्यक्षमता दोनों में वृद्धि हुई है, क्योंकि राष्ट्रीयकरण से इनके विषय में जनता का विश्वास बढ़ा है। उसी के साथ बैंक–स्टॉफ की संख्या में वृद्धि के फलस्वरूप कार्यदक्षता भी बढ़ी है तथा बेरोजगारी कम हुई है। इसके ठीक विपरीत, बहुत से व्यक्तियों की धारणा यह है कि अब बैंकों के कार्य में शिथिलता आ गई है।

दूसरा सदस्य : यह तो आपने अन्य व्यक्तियों के विषय में कहा, आपका अपना मत इस विषय पर क्या है?

रजनीश : श्रीमान्, मेरा व्यक्तिगत मत यह है कि बैंक–स्टॉफ में कुछ व्यक्ति बहुत कुशलता से एवं नियमित कार्य करते हैं जिससे बैंक की कार्यक्षमता में वृद्धि हुई है। वैसे, सभी कर्मचारी ठीक ढंग या समय से कार्य नहीं करते। अतः कभी–कभी ग्राहकों को कठिनाई भी होती है।

दूसरा सदस्य : मौद्रिक नीति के प्रमुख उद्देश्य कौन से होते हैं?

रजनीश : श्रीमान्, मौद्रिक नीति के सब मिलकर छः उद्देश्य होते हैं, इन उद्देश्यों में प्रमुख हैं–मूल्य स्थिरता, विदेशी विनिमय दर में स्थिरता, आय में स्थिरता, मुद्रा की तटस्थता आदि।

दूसरा सदस्य : UNESCO से आप क्या समझते हैं?

रजनीश : श्रीमान्, United Nations Educational, Scientific and Cultural Organisation.

दूसरा सदस्य : संयुक्त राष्ट्र संघ के मुख्य अंग कौन–कौन से हैं?

रजनीश : श्रीमान्, ये छह हैं जो इस प्रकार हैं–साधारण सभा (General Assembly), सुरक्षा परिषद् (Security Council), आर्थिक एवं सामाजिक परिषद् (Economic and Social Council), ट्रस्टीशिप परिषद् (Trusteeship Council), अन्तर्राष्ट्रीय न्यायालय (International Court of Justice) एवं सचिवालय (Secretariat)।

तीसरा सदस्य : प्रेम–विवाह के बारे में आपका क्या विचार है?

रजनीश : श्रीमान्, सैद्धान्तिक रूप में इसमें कोई विशेष दोष नहीं है, किन्तु भारतीय समाज अभी इस परम्परा को मानने को तैयार नहीं है। अतः प्रेम–विवाह अभी भारत में 'एक विशेष घटना' ही है।

तीसरा सदस्य : बैंकों में प्रोन्नति (Promotion) का आधार क्या होना चाहिए? योग्यता (Qualification) या वरीयता (Seniority)?

रजनीश : श्रीमान् मेरा विचार तो यही है कि इसका आधार इन दोनों का सम्मिश्रण ही होना चाहिए, क्योंकि कार्यक्षमता बढ़ाने के लिए ये दोनों पहलू ही महत्त्वपूर्ण हैं।

तीसरा सदस्य : बैंकों में तो अब अच्छी संख्या में महिलाएँ कार्य कर रही हैं, उनको आप कौन–सी विशेष सुविधाएँ देने के पक्ष में हैं?

रजनीश : श्रीमान्, वैसे तो सभी को बैंकों में कुछ विशिष्ट सुविधाएँ उपलब्ध हो जाती हैं, किन्तु महिलाओं को कुछ अतिरिक्त सुविधा की उपलब्धि सुविधाजनक समझा जाता है। मैं उन्हें इस प्रकार की सुविधा की व्यवस्था करने के पक्ष में हूँ।

तीसरा सदस्य : यदि आपको आपके ऊपर के अधिकारी परेशान करें तो आप क्या करेंगे?

रजनीश : श्रीमान् सबसे पहले तो मैं यही प्रयास करूँगा कि मेरे अधिकारी मुझसे पूरी तरह से सहयोग करें। फिर भी यदि ऐसा न हो तो मैं क्रमशः उनसे उदासीन रूप में रहने की चेष्टा करूँगा। यदि उस प्रयास में भी मैं असफल हो जाऊँ तो दौड़–धूप करके अपना स्थानान्तरण करवाने की चेष्टा करूँगा। किसी भी परिस्थिति में मैं उनसे झगड़ा या गलत व्यवहार नहीं करूँगा।

तीसरा सदस्य  : मुद्रा (Money) शब्द का उद्भव कहाँ से हुआ है?

रजनीश  : श्रीमान्, विद्वानों का मत है कि यह शब्द लैटिन शब्द Montena से उत्पन्न हुआ।

अध्यक्ष  : राष्ट्रीयकृत बैंकों में आपस में जो प्रतियोगिता है, उसके बारे में आपका क्या विचार है?

रजनीश  : श्रीमान्, यह सही है कि अधिकांश राष्ट्रीयकृत बैंकों में कार्य–विस्तार एवं शाखा खोलने के विषय में पारस्परिक प्रतिस्पर्धा है। इससे लाभ और हानि दोनों ही हैं। प्रतिस्पर्धा जब सृजनात्मक होती है तो उससे लाभ होता है, किन्तु गलाकाट–प्रतियोगिता हमेशा हानिकारक होती है। रिजर्व बैंक के द्वारा इनमें अनार्थिक प्रतियोगिता को समाप्त करने की निरन्तर चेष्टा होती है।

अध्यक्ष  : धन्यवाद श्री कुमार, अब आप जा सकते हैं।

---

**निष्कर्ष:** श्री रजनीश कुमार का साक्षात्कार लगभग 35 मिनट तक चला। साक्षात्कार मण्डल के सदस्य ने विविध क्षेत्रों से कई प्रश्न किए। श्री कुमार ने धैर्यपूर्वक प्रश्नों को सुना एवं उनका विवेकपूर्ण उत्तर दिया। आत्म विश्वास उनके चेहरे पर सदैव विद्यमान रहा। फलतः उन्होंने प्रश्नों का समुचित उत्तर दिया। साक्षात्कार मण्डल का सकारात्मक सहयोग रहा। श्री कुमार के चयन की पूरी संभावना है।

## 4. इन्कम टैक्स इंस्पेक्टर के लिए

साक्षात्कार किसी व्यक्ति के ज्ञान, व्यक्तित्व एवं अभिव्यक्ति की क्षमता को मापने का एक सशक्त माध्यम है। यह किसी व्यक्ति की अन्तर्दृष्टि को प्रदर्शित करता है। साक्षात्कार चयन की एक बहुप्रचलित तकनीक है। भारतीय अर्थव्यवस्था के भूमंडलीकरण एवं निजीकरण के परिमाणस्वरूप अभ्यर्थियों के लिए विविध क्षेत्रों में नौकरी के सुनहले अवसर प्राप्त हुए हैं। निःसंदेह हमारे चारों ओर प्रतिस्पर्धा विद्यमान है। जीवन का कोई क्षेत्र इस प्रतिस्पर्द्धा से अछूता नहीं है। प्रतिस्पर्द्धा संघर्ष करने की क्षमता प्रदान करती है एवं अपने को बेहतर बनाने के लिए प्रेरित करती है। प्रतियोगिता के इस युग में निश्चितरूपेण साक्षात्कार का महत्व बढ़ गया है। एक अच्छी नौकरी प्राप्त करने के लिए या किसी ख्यात प्रबंधन संस्थान में प्रवेश के लिए यह लौह द्वार की तरह है, जिसे सफलता पूर्वक तोड़कर ही वांछित लक्ष्य को प्राप्त किया जा सकता है। अतः अभ्यर्थियों को साक्षात्कार की महत्ता को आत्मसात् कर इसकी पूरी तैयारी करनी चाहिए। स्पष्टतः साक्षात्कार का उद्देश्य उपयुक्त काम (Job) के लिए योग्य व्यक्ति का चयन करना है। छात्रों की सुविधा के लिए हम यहाँ एक मॉडल साक्षात्कार प्रस्तुत कर रहे हैं।

अभ्यर्थी : श्री महेश कुमार, झारखंड के निवासी हैं। इन्होंने आचार्य विनोबा भावे विश्वविद्यालय हजारीबाग से अर्थशास्त्र में एम.ए. किया है। इन्होंने स्नातक स्तर तक इतिहास एवं राजनीति शास्त्र का भी अध्ययन किया है। इन्होंने अपने छात्र जीवन में सदा कठिन परिश्रम किया है एवं अच्छे अंकों के साथ परीक्षाएँ उत्तीर्ण की हैं। इनके पिता एक अच्छे व्यवसायी हैं। प्रारम्भ से ही श्री कुमार की इच्छा थी बैंकिंग क्षेत्र में परिवीक्षाधीन पदाधिकारी या इन्कम टैक्स इंस्पेक्टर बनें और ऊँचे पद प्राप्त करें। इन्होंने अपनी लगन और मेहनत से कई बार अनेक परीक्षाएँ पास की।

| | |
|---|---|
| साक्षात्कार मंडल | : साक्षात्कार मंडल में अध्यक्ष सहित चार सदस्य हैं। अध्यक्ष एक विशिष्ट शिक्षाशास्त्री हैं एवं सम्मानित बैंक के महाप्रबंधक हैं। अन्य सदस्य भी विविध क्षेत्रों में ख्यातिप्राप्त हैं। श्री उमेश कुमार साक्षात्कार कक्ष के बाहर प्रतीक्षा कक्ष में अपनी बारी का इंतजार कर रहे हैं। उनके |

चेहरे पर उत्सुकता का भाव स्पष्ट दृष्टिगोचर हो रहा है। कुछ समय पश्चात् श्री कुमार की प्रतीक्षा का अंत होता है एवं उन्हें साक्षात्कार के लिए बुलाया जाता है। वे साक्षात्कार कक्ष की ओर विश्वास भरे कदमों से बढ़ते हैं एवं दरवाजे पर दस्तक देते हैं।

महेश : महाशय, क्या मैं अंदर आ सकता हूँ?

अध्यक्ष : कृपया अंदर आइए, महेश।

(महेश ने धीरे से दरवाजा बंद किया एवं आत्मविश्वास से भरे कदम बढ़ाते हुए कुर्सी की तरफ बढ़ा। इसी दौरान उन्होंने सभी सदस्यों का एक साथ अभिवादन किया बोर्ड में चार सदस्य थे। उनकी कुर्सी के तीन तरफ अर्थात् सामने में दो एवं बायीं और दायीं ओर एक–एक सदस्य बैठे थे। बीच में टेबुल रखा हुआ था जिसकी ऊँचाई कम थी। उन्होंने अपनी फाइल टेबुल पर रख दी थोड़ी देर तक सभी सदस्य उन्हें देखते रहे और श्री कुमार भी हल्का मुस्कुराते हुए उन्हें देखते रहे।)

अध्यक्ष : आप कहाँ से आए हैं?

महेश : महाशय, मैं झारखंड के हजारीबाग से आया हूँ।

अध्यक्ष : वित्त आयोग के बारे में संक्षेप में बताइए।

महेश : केन्द्र से राज्यों को वित्तीय हस्तांतरण हेतु दिशा–निर्देश सुझाने हेतु वित्त आयोग का गठन किया जाता है। संविधान के अनुच्छेद 280(1) में यह व्यवस्था है कि राष्ट्रपति द्वारा प्रत्येक पाँच वर्ष के पश्चात् या आवश्यकता पड़ने पर उससे पूर्व एक वित्त आयोग का गठन किया जाएगा जिसमें अध्यक्ष के अतिरिक्त चार अन्य सदस्य होंगे। पहले वित्त आयोग का गठन 1951 में श्री के.सी. नियोगी की अध्यक्षता में किया गया था।

अध्यक्ष : आपने विनोबा भावे विश्वविद्यालय से स्नातकोत्तर की परीक्षा उत्तीर्ण की है। विनोबा भावे के संबंध में कुछ बताएँ।

महेश : आचार्य विनोबा भावे भारत के महान स्वतंत्रता सेनानी और भूदान आंदोलन के प्रवर्तक थे। उनका वास्तविक नाम विनायक नरहरि

भावे था। महात्मा गाँधी ने उन्हें विनोबा भावे नाम दिया। गाँधीजी द्वारा चलाए गए व्यक्तिगत सत्याग्रह आंदोलन में उन्हें प्रथम सत्याग्रही चुना गया। उनकी मुख्य पहचान भूदान आंदोलन से मिली, जिसमें उन्होंने कई हजार एकड़ भूमि भूपतियों से प्राप्त कर भूमिहीनों में वितरित किया। 1983 में उन्हें भारत–रत्न से अलंकृत किया गया।

अध्यक्ष : भारत में राष्ट्रीय आपात्काल कब लगाया गया? यह कितनी बार और क्यों लगाया गया था?

महेश : संविधान के अनुच्छेद 352 के अंतर्गत बाह्य आक्रमण के आधार पर राष्ट्रीय आपात्काल की प्रथम उद्घोषणा चीनी आक्रमण के कारण 26 अक्टूबर, 1962 को की गयी थी। यह 10 जनवरी, 1968 को वापस ले ली गई। दूसरी बार आपात्काल की उद्घोषणा पाकिस्तान द्वारा आक्रमण के कारण 3 दिसम्बर, 1971 को की गई थी। तीसरी बार उद्घोषणा 25 जून, 1975 को आंतरिक अशांति के कारण की गई।

स्पष्ट है कि भारत में आपात्काल अभी तक तीन बार लगाया गया, जिसमें से दो बार बाह्य कारण अर्थात् युद्ध के कारण तथा एक बार आन्तरिक कारण से।

अध्यक्ष : गुजराल सिद्धांत से आप क्या समझते हैं?

महेश : वर्ष 1977 में पड़ोसी राष्ट्रों से सम्बन्ध सुधारने के संदर्भ में तत्कालीन विदेश मंत्री गुजराल ने भरसक प्रयत्न किए और तो और उनके प्रयासों को 'गुजराल डॉक्ट्रिन' की संज्ञा देकर उन्हें पं. नेहरू के पंचशील सिद्धांत के बाद सर्वाधिक सफल विदेश मंत्री के रूप में नवाजा गया।

अध्यक्ष : दीनदयाल अन्त्योदय योजना का शुभारम्भ कब किया गया?

महेश : भारत सरकार पं. दीनदयाल उपाध्याय के जन्मदिन 25 सितम्बर, 2014 के अवसर पर ग्रामीण एवं शहरी निर्धनों के कौशल सुधार की दीनदयाल अन्त्योदय योजना का शुभारम्भ किया गया। इस योजना का महत्त्वपूर्ण उद्देश्य 2017 तक 10 लाख ग्रामीण युवाओं को प्रशिक्षण देकर उनमें कौशल सुधार करना है।

अध्यक्ष : सेन्सेक्स (संवेदी सूचकांक) क्या होता है? व्यापार में इस शब्द का क्या महत्व है?

महेश : सेन्सेक्स (Sensex) अथवा संवेदी सूचकांक 1978–79 को आधार वर्ष मानकर तैयार किया गया है। इस सूचकांक में बम्बई स्टॉक एक्सचेंज (BSE) में क्रय विक्रय की जाने वाली विशिष्ट समूह की 30 प्रतिभूतियों को आधार माना जाता है। गणना के लिए भारित सूचकांक विधि प्रयोग में लायी जाती है तथा भार (Weight) बाजार पूंजीकरण के अनुसार दिया जाता है। इस सूचकांक में पूंजी की मात्रा को अत्यधिक महत्व दिया जाता है। इस कारण यह अत्यधिक संवेदनशील सूचकांक है। इस सूचकांक से बाजार की प्रवृत्ति का ज्ञान होता है। स्कन्ध बाजार के सटोरियों द्वारा इस सूचकांक का अत्यधिक प्रयोग किया जाता है।

अध्यक्ष : बिहार में गुटीय संघर्ष बहुत तेजी से बढ़ रहा है। इसके पीछे क्या कारण हैं?

महेश : महाशय, बिहार में हो रहे गुटीय संघर्ष के लिए कई कारण जिम्मेदार हैं। इसे हमें सामाजिक, आर्थिक, राजनीतिक एवं ऐतिहासिक परिप्रेक्ष्य में देखना होगा। जहानाबाद तथा मध्य बिहार के प्रभावित क्षेत्र के निवासियों का मुख्य पेशा कृषि है। जनसंख्या काफी बढ़ जाने से लोगों को स्थानीय स्तर पर रोजगार मिल नहीं पा रहा है। कारण है कि कृषि में रोजगार की कमी पहले से ही चरम सीमा पर है। अतः वहाँ अब रोजगार मिलना संभव नहीं है। साथ ही, बिहार में नए कल–कारखानों की स्थापना हो नहीं रही है। अतः रोजगार के अन्य साधन बिल्कुल नहीं है। अतः लोगों के पास दो ही विकल्प बचते हैं, पहला या तो अन्य विकसित राज्यों में जाकर रोजगार के साधन खोजें या वहीं रहकर भूमि के केंद्रीकरण, जो कुछ खास लोगों के हाथों में हैं, उसके विरूद्ध संघर्ष करें। इसके लिए लोग मिलकर एक गुट बनाकर दूसरे गुट के विरुद्ध लड़ाई करते हैं। साथ ही, ये अपने को विरोधी गुट से शक्तिशाली दिखाने के लिए बदले की भावना से एक दूसरे के प्राण के प्यासे हो जाते हैं।

अध्यक्ष : (मेरा बायो–डाटा देखते हुए) आपने इसके पहले दो–तीन P.O. Exam. पास किए हैं, आपको अंतिम सफलता क्यों नहीं प्राप्त हुई?

महेश : महाशय, चूँकि मैं हिन्दी भाषी क्षेत्र से हूँ और मेरी पूरी शिक्षा हिन्दी माध्यम से हुई है। अतः, साक्षात्कार में मैं अंग्रेजी में धाराप्रवाह बोल नहीं पाता हूँ। इसके चलते मुझे शायद कम अंक प्राप्त होते होंगे। साथ ही लिखित परीक्षा में भी अच्छे अंक नहीं होंगे। इसलिए मैं सफल नहीं हो सका।

अध्यक्ष : मि. कुमार, यह बात बिल्कुल ही नहीं है कि जो अंग्रेजी में बात करता है उसे हमलोग अधिक अंक प्रदान करते हैं तथा जो हिन्दी में बोलता है उसे अपेक्षाकृत कम अंक देते हैं। (बीच में एक सदस्य हस्तक्षेप करते हुए) यह बहुत से अभ्यर्थियों को गलतफहमी रहती है कि साक्षात्कार में हिन्दी में बोलेंगे तो कम अंक मिलेंगे। इस बात को आप मन से निकाल दीजिए।

महेश : महाशय, इस जानकारी के लिए आपको धन्यवाद! महाशय इससे मेरी गलतफहमी दूर हो गई।

पहला सदस्य : आप अर्थशास्त्र के छात्र रहे हैं। मुद्रास्फीति क्या है और थोक मूल्य सूचकांक क्या है?

महेश : महाशय, मुद्रास्फीति का अर्थ है कि जब मुद्रा का मूल्य कम होने लगता है एवं वस्तुओं का मूल्य बढ़ने लगता है तो इसे मुद्रास्फीति की स्थिति कहते हैं। इसके लिए कई कारण जिम्मेदार हो सकते हैं। मूल्य सूचकांक में किसी आधार वर्ष को मानक मानकर एक निश्चित संख्या में उपभोक्ता वस्तुओं के मूल्य का आकलन किया जाता है।

पहला सदस्य : क्या Green Revolution अपने उद्देश्य में पूर्णतः सफल रही?

महेश : महाशय, हरित क्रांति के फलस्वरूप देश के खाद्यान्न उत्पादन में काफी वृद्धि हुई है; लेकिन यह वृद्धि मुख्य रूप से गेहूँ एवं चावल तक सीमित है। हरित क्रांति से कृषि–उत्पादन ढाँचें में एक distortion पैदा हो गई है; क्योंकि दाल, मोटे अनाज और तिलहन इत्यादि पर इसका प्रभाव नहीं के बराबर पड़ा है।

दूसरा सदस्य : Narrow Banking क्या है?

महेश : महाशय, Narrow Banking से तात्पर्य है—कम जोखिम वाले ऋणों का वितरण, जैसे—सरकारी प्रतिभूतियों की खरीद तथा Inter banking loans। नैरो–बैंकिंग प्रायः उन बैंकों द्वारा किया जाता है जिनकी आर्थिक स्थिति कमजोर होती है।

दूसरा सदस्य: आप एक प्रोबेशनरी ऑफिसर बनने जा रहे हैं, किन्तु आप अंग्रेजी बोलने में प्रवीण नहीं हैं। आपकी पोस्टिंग कर्नाटक तथा केरल जैसे राज्यों में की जा सकती है, जहाँ के लोग हिन्दी नहीं समझते। अंग्रेजी न बोल पाने के कारण आपको तो बहुत सारी दिक्कतों का सामना करना पड़ेगा। उस स्थिति में आप क्या करेंगे?

महेश : सर, मैं अंग्रेजी तो बोल पाता हूँ किन्तु धाराप्रवाह नहीं बोल पाता, जिस कारण मैं अंग्रेजी में अपने विचार ठीक ढंग से व्यक्त नहीं कर पाता। मैंने लिखित परीक्षा में भी अंग्रेजी विषयक पत्र में अर्हता प्राप्त किया है, जिसका प्रमाण है कि मैं साक्षात्कार में उपस्थित हूँ। अतः मैं आपको विश्वास दिलाता हूँ कि यदि मेरी पोस्टिंग अहिन्दी भाषी क्षेत्रों में की जाती है तो मैं बहुत कम समय में ही अंग्रेजी में संवाद करने में सक्षम हो जाऊंगा।

तीसरा सदस्य : किन्तु, अभी तो आप अंग्रेजी ठीक ढंग से बोल नहीं पाते। आपने Spoken English की कोचिंग क्यों नहीं ली? क्या आपके शहर में इस तरह का कोचिंग संस्थान नहीं है?

महेश : सर, मेरे शहर हजारीबाग में Spoken English के लिए कोचिंग संस्थान हैं, किन्तु मैंने इसके लिए कोचिंग ज्वाइन नहीं किया।

तीसरा सदस्य : अच्छा आप बताएँ कि क्या कारण है कि अंग्रेजी की लोकप्रियता पूरे विश्व में बढ़ती जा रही है, जबकि अभी संयुक्त राज्य अमेरिका को छोड़कर पूरे विश्व में किसी भी अंग्रेजी भाषी राष्ट्र का, राजनीतिक, आर्थिक अथवा किसी भी दृष्टिकोण से प्रभुत्व नहीं है?

महेश : Sorry Sir, अंग्रेजी की बढ़ती लोकप्रियता के कारणों के बारे में मुझे अधिक जानकारी नहीं है।

पहला सदस्य : क्या ऐसा हो सकता है कि पूरे विश्व में कम्प्यूटर, इंटरनेट, अंतरिक्ष विज्ञान इत्यादि क्षेत्रों में अधिकांश कार्य अंग्रेजी में ही संपन्न किए जाते हैं और इसलिए अंग्रेजी एक अपरिहार्य भाषा बन गई है?

महेश : जी हाँ सर, ऐसा हो सकता है। किन्तु, कम्प्यूटर, इंटरनेट आदि क्षेत्रों में हिन्दी का भी प्रयोग होने लगा है। जापान तथा यूरोपीय देशों में भी इन क्षेत्रों में स्थानीय भाषाओं का इस्तेमाल होने लगा है। हालांकि अंग्रेजी सबसे अधिक प्रयुक्त होने वाली भाषा है।

दूसरा सदस्य : आप कौन–सा अखबार पढ़ते हैं?

महेश : जी, The Telegraph जो कोलकाता से प्रकाशित होता है।

अध्यक्ष : The Telegraph तो एक अच्छा अखबार है। आप तो एक अंग्रेजी अखबार पढ़ते हैं।

महेश : जी हाँ, सर।

पहला सदस्य : भारत में संसदीय प्रणाली की सरकार है। इसकी क्या विशेषताएँ हैं?

महेश : भारत में संसदीय प्रणाली की सरकार है। इसकी मुख्य विशेषता यह है कि सरकार विधायिका के प्रति उत्तरदायी होती है। ऐसी सरकार की दूसरी विशेषता है कि कार्यपालिका का वास्तविक प्रधान अर्थात् प्रधानमंत्री जनता का प्रतिनिधि होता है।

पहला सदस्य : हमारे मौलिक अधिकार कौन–कौन से हैं?

महेश : हमारे मौलिक अधिकार छः हैं–समता का अधिकार, स्वतंत्रता का अधिकार, शोषण के विरुद्ध अधिकार, धार्मिक स्वतंत्रता का अधिकार, संस्कृति और शिक्षा सम्बन्धी अधिकार तथा संवैधानिक उपचारों का अधिकार। हमारे मौलिक अधिकारों का वर्णन भारतीय संविधान में अनुच्छेद 12 से अनुच्छेद 35 तक किया गया है।

दूसरा सदस्य : आपने इतिहास भी पढ़ा है, चाणक्य के विषय में कुछ बताएँ।

महेश : चाणक्य को विष्णुगुप्त या कौटिल्य के नाम से भी जाना जाता है। चाणक्य, चन्द्रगुप्त मौर्य का गुरु था और उसी की सहायता से चन्द्रगुप्त मौर्य ने नंद वंश के शासन को समाप्त कर मौर्य वंश की

स्थापना की थी। चाणक्य ने 'अर्थशास्त्र' नामक कालजयी पुस्तक की रचना की, जिसमें मौर्यकालीन अर्थतंत्र और राज्य व्यवस्था के बारे में विस्तारपूर्वक वर्णन किया गया है।

तीसरा सदस्य : सेन्ट्रल बैंक ऑफ इंडिया, भारतीय स्टेट बैंक को छोड़कर 'बिग फाइव' (पाँच बड़े राष्ट्रीयकृत बैंक) में से एक है। यह बैंक 1969 ई. में सबसे पहले राष्ट्रीयकृत होने वाले बैंकों में से एक था। लाभ प्राप्ति की दृष्टि से विगत वर्षों में इसका प्रदर्शन उतार–चढ़ाव से भरा रहा है।

अध्यक्ष : मि. कुमार आपने हमारे प्रश्नों का अच्छा उत्तर दिया। अब आप जा सकते हैं।

---

**निष्कर्षः** श्री महेश कुमार ने साक्षात्कार में सम्बन्धित सदस्यों द्वारा पुछे गए प्रश्नों का सटीक एवं स्पष्ट उत्तर दिया। सादा परंतु आकर्षक पोशाक से सुसज्जित श्री कुमार के व्यक्तित्व में आत्मविश्वास, सत्यनिष्ठता, एवं दृढ़ता स्पष्टतः दृश्यमान थे। उन्होंने सामाजिक आचार का पालन किया एवं साक्षात्कार मंडल के सदस्यों का विश्वास जीता। उनसे विविध क्षेत्रों से प्रश्न पूछे गए। अद्यतन जानकारी के प्रश्न पूछे गए। स्पष्टतः श्री कुमार की पत्र–पत्रिकाओं में अभिरुचि है। उनकी सफलता सुनिश्चित प्रतीत होती है।

---

## 5. आयकर निरीक्षक पद पर चयनित सुरदीप चक्रवर्ती का साक्षात्कार

श्री सुरदीप चक्रवर्ती उड़ीसा राज्य के कालाहांडी जिला के निवासी हैं। श्री चक्रवर्ती जीव विज्ञान ( प्रतिष्ठा ) में स्नातक हैं। इनका विद्यार्थी जीवन उज्ज्वल रहा है। कर्तव्यनिष्ठा की भावना से ओत-प्रोत श्री चक्रवती ने सदैव प्रथम श्रेणी में उत्तीर्णता प्राप्त की है। धुन के पक्के चक्रवती स्नातक करने के पश्चात् ही प्रतियोगिता परीक्षाओं की ओर उन्मुख हो गए। परिश्रम कभी व्यर्थ नहीं जाता-यह भाव उनकी सफलता का मूल मंत्र बना। उन्होंने कई प्रतियोगिता परीक्षाओं में सफलता प्राप्त की। कई परीक्षाओं में अंतिम चयन से वंचित रहे। पर पुरुषार्थी कब निराश होने वाला था, कहाँ वह हिम्मत हारने वाला था। प्रयास जारी रहा। अंततः चक्रवर्ती ने सफलता का आलिंगन किया। उन्हें कर्मचारी चयन आयोग द्वारा योजना-A तहत आयोजित संयुक्त स्नातक स्तरीय परीक्षा 2005 में आयकर निरीक्षक के पद के लिए अंतिम रूप से चयनित कर लिया गया।

श्री चक्रवती का साक्षात्कार कर्मचारी चयन आयोग के क्षेत्रीय कार्यालय कोलकाता में 11 मई 2007 को संपन्न हुआ। उनके साक्षात्कार मंडल में अध्यक्ष सहित चार सदस्य थे। सदस्यों का व्यवहार सकारात्मक एवं सहयोगी था। श्री चक्रवती ने साक्षात्कार के दौरान आत्मविश्वास व शालीनता का परिचय दिया। पूछे गए प्रश्नों का सटीक उत्तर दिया। कुछ प्रश्नों के उत्तर नहीं मालूम होने की स्थिति में उन्होंने साक्षात्कार बोर्ड को गुमराह करने के बजाए सादर 'नहीं में' उत्तर दिया। उनका साक्षात्कार संतोषजनक रहा एवं परिणाम सुखद। उनके साक्षात्कार की प्रस्तुति:

सुरदीप : क्या मैं अंदर आ सकता हूँ, महाशय?

अध्यक्ष : हाँ, अंदर आइए एवं अपना स्थान ग्रहण कीजिए।

(सुरदीप सदस्यों का अभिवादन करते हैं एवं निर्दिष्ट कुर्सी पर स्थान ग्रहण करने के पश्चात् साक्षात्कार मंडल के सदस्यों के प्रति धन्यवाद ज्ञापित करते हैं। वह स्वयं को सामान्य बनाते हैं।)

अध्यक्ष : आपका क्या नाम है?

सुरदीप : महाशय, मेरा नाम सुरदीप चक्रवर्ती है।

अध्यक्ष : आपकी शैक्षिक योग्यता क्या है?

सुरदीप : महाशय, मैंने वर्ष 2012 में जीव विज्ञान (प्रतिष्ठा) में स्नातक किया है। मैं प्रथम श्रेणी में उत्तीर्ण हुआ था। मैंने वर्ष 2014 में कम्प्यूटर सॉफ्टवेयर में एडवांस्ड डिप्लोमा भी किया है।

महिला सदस्य: जिराफ (giraffe) का जीव वैज्ञानिक (zoological) नाम क्या है?

सुरदीप : मैं दुःखी हूँ, मैडम। मुझे इस प्रश्न का उत्तर ज्ञात नहीं है।

महिला सदस्य: ठीक है। अब आप बताइए कि मेढ़क (frog) का जीव वैज्ञानिक (zoological) नाम क्या हैं?

सुरदीप : मैडम, मेढ़क का जैविक नाम Ranatigrina है।

महिला सदस्य: शाकभक्षी (herbivorous), मांसभक्षी (Carnivorous) एंव सर्वभक्षी (omnivorous) प्राणियों से क्या समझते हैं?

सुरदीप : मैडम, वे प्राणी जो पौधों को आहार के लिए ग्रहण करते हैं, शाकभक्षी कहलाते हैं। वे प्राणी जो अन्य प्राणियों का मांसाहार करते हैं, मांसाहारी कहलाते हैं एवं वे प्राणी जो पशु एवं शाक दोनों का आहार करते हैं, सर्वभक्षी कहलाते हैं।

महिला सदस्य: प्राणी जगत में सबसे बड़ी जाति (phylum) कौन–सी है?

सुरदीप : मैडम, यह arthropoda phylum है।

अध्यक्ष : आपने कितनी बार मेढ़क का विच्छेदन (dissection) किया हैं?

सुरदीप : महाशय, मैंने व्यावहारिक वर्ग के दौरान मेढ़कों का कई बार विच्छेदन किया है?

अध्यक्ष : क्या आप मेढ़क के विच्छेदन की प्रक्रिया हमें समझा सकते हैं? (सुरदीप ने इस प्रक्रिया का यथासंभव वर्णन प्रस्तुत किया।)

अध्यक्ष : आपने कम्प्यूटर सॉफ्टवेयर में एडवांस्ड डिप्लोमा किया है। आप सॉफ्टवेयर से क्या समझते हैं?

सुरदीप : महाशय, सॉफ्टवयेर का अर्थ है–कम्प्यूटर के प्रोग्राम।

तीसरा सदस्य : आपने निबंध लेखन में जिला स्तर पर कई पुरस्कार जीता है। आपने वाद–विवाद, क्विज की कई प्रतियोगितायें भी जीती हैं। क्या आप किसी निबंध प्रतियोगिता के विषय व सारांश से हमें अवगत कराएंगे? (सुरदीप ने सविस्तार इस प्रश्न का उत्तर दिया। प्रश्नकर्ता संतुष्ट दिखे।)

तीसरा सदस्य : आप उड़ीसा का मानचित्र खींचे एवं अपने जिला को निर्धारित करें। (सुरदीप ने उड़ीसा का मानचित्र खींचा एवं कालाहांडी को उसमें दर्शाया।)

तीसरा सदस्य : आपका नौकरियों में आरक्षण नीति पर क्या दृष्टिकोण है?

सुरदीप : महाशय, भारतीय समाज युगों से जाति के आधार पर विभाजित है। निम्न जाति के लोग आज भी भेदभाव के दंश से मुक्त नहीं हैं। समाज में समानता लाने की दिशा में आरक्षण एक सही व प्रशंसनीय कदम है। परन्तु इसे सही अर्थ में लागू किया जाना चाहिए ताकि उद्देश्य–परक लाभ मिल सके।

तीसरा सदस्य : उड़ीसा राज्य का गठन कब किया गया था?

सुरदीप : महाशय, 1 अप्रैल, 1936 को बिहार से पृथक होकर उड़ीसा एक नया राज्य बना।

तीसरा सदस्य : औद्योगीकरण के विरुद्ध जनान्दोलन पर आपका क्या दृष्टिकोण है?

सुरदीप : महाशय, उड़ीसा आर्थिक रूप से पिछड़ा राज्य है। औद्योगीकरण ही इसे मुख्य धारा में ला सकता है। जनान्दोलन कंपनियों की अपर्याप्त व अनुचित पुनर्वास नीति के विरुद्ध है। अतः विस्थापितों के उचित पुनर्वास व स्थानीय निवासियों को रोजगार के अवसर उपलब्ध कराकर इस समस्या से निजात पाया जा सकता है।

तीसरा सदस्य  :  आज के समाचार पत्रों में मुख्य समाचार क्या हैं?

सुरदीप      :  महाशय, आज के मुख्य समाचार हैं–हरियाणा में आरक्षण को लेकर हिंसक एवं उग्र जाट आंदोलन।

---

**निष्कर्ष:**  धन्यवाद सुरदीप। आपका साक्षात्कार समाप्त हुआ। अब आप जा सकते हैं। (सुरदीप ने सभी सदस्यों का अभिवादन किया एवं धन्यवाद दिया। इसके पश्चात् वह कमरे से बाहर आए।)

---

## 6. सिविल सर्विस परीक्षा के लिए

श्री मुकेश गौतम उत्तरप्रदेश के निवासी हैं। इनके पिताजी एक सामान्य कृषक हैं एवं इनकी माता जी एक कुशल गृहिणी हैं। श्री गौतम ने सिविल सेवा की ओर अपने को उन्मुख किया इन्होंने सिविल सर्विस संबंधी परीक्षा दी। इनके श्रम ने वांछित परिणाम प्रदान किया। आलोच्य परीक्षा में सफलता प्राप्त करने के परिमाणस्वरूप उन्हें साक्षात्कार हेतु बुलाया गया है।

श्री गौतम साक्षात्कार कक्ष के सामने प्रार्थियों के बैठने के लिए निर्धारित स्थान पर अन्य अभ्यर्थियों के साथ बैठे हुए हैं। वे सभी आपस में विविध विषयों पर बातचीत कर रहे हैं एवं अपनी बारी की प्रतीक्षा कर रहे हैं। बातचीत के दौरान श्री गौतम में स्पष्टवादिता एवं आत्मविश्वास परिलक्षित होता है। भारतीय प्रधानमंत्री की चीन यात्रा उनकी बातचीत का मुख्य बिन्दु है। साक्षात्कार के लिए उपस्थित अभ्यर्थियों में तीन महिलायें एवं सात पुरुष है। हॉकी एवं क्रिकेट में रूचि रखने वाले श्री मुकेश गौतम को आदेश पाल द्वारा साक्षात्कार के लिए बुलाया जाता है। साक्षात्कार मण्डल में अध्यक्ष के अतिरिक्त चार सदस्य हैं। श्री गौतम साक्षात्कार कक्ष की ओर विश्वस्त कदमों से बढ़ते हैं। दरवाजे पर पहुँच कर वह रुकते हैं। अंदर जाने की आज्ञा मांगते हैं एवं अनुमति पाकर अंदर प्रवेश करते हैं। वह साक्षात्कार मण्डल के सभी सदस्यों का सादर अभिवादन करते हैं।

अध्यक्ष : आइए, मिस्टर मुकेश। आप अपना स्थान ग्रहण कीजिए। (श्री मुकेश गौतम विश्वासपूर्वक साक्षात्कार कक्ष में प्रवेश करते हैं तथा विनम्रतापूर्वक सदस्यों का अभिवादन करते हैं। श्री गौतम कुर्सी पर आसीन होते हैं एवं धन्यवाद ज्ञापित करते हैं।)

अध्यक्ष : मुकेश, आपने एम. ए. की परीक्षा कब और किस विश्वविद्यालय से उत्तीर्ण की?

मुकेश : श्रीमान् लखनऊ विश्वविद्यालय से, वर्ष 2014 में।

अध्यक्ष : और बी. ए. की परीक्षा?

मुकेश : श्रीमान् मैंने बी. ए. परीक्षा मेरठ विश्वविद्यालय से उत्तीर्ण की थी।

| | | |
|---|---|---|
| अध्यक्ष | : | मेरठ से बी. ए. करके आपने एम. ए., लखनऊ विश्वविद्यालय से क्यों किया। |
| मुकेश | : | श्रीमान् लखनऊ में आवासीय विश्वविद्यालय है और यहाँ का इतिहास विभाग प्रसिद्ध है। यहाँ अध्ययन की अधिक सुविधाएँ हैं। स्वाभाविक है कि प्रतियोगी परीक्षा की तैयारी के अवसर लखनऊ में कहीं अधिक हैं। |
| अध्यक्ष | : | आप समाचार पत्र पढ़ने में रूचि रखते हैं। आज समाचार पत्रों में मुख्य समाचार क्या थे? |
| मुकेश | : | आज के समाचार पत्रों में नेपाल के प्रधानमंत्री के.पी. शर्मा ओली की भारत यात्रा को प्रमुखता से वर्णित थे। 20 फरवरी, 2016 को उन्होंने प्रधानमंत्री नरेन्द्र मोदी के साथ द्विपक्षीय वार्ता की। इन दोनों नेताओं के बीच बातचीत के बाद सहयोग और सहायता के नौ समझौते पर हस्ताक्षर हुए हैं। इसमें नेपाल को भारत से बिजली सप्लाई और विशाखापत्तनम पोर्ट से नेपाली माल को अतिरिक्त पारगमन सुविधा का समझौता शामिल है। नेपाली प्रधानमंत्री के.पी. शर्मा ओली के साथ द्विपक्षीय बातचीत के बाद पीएम नरेन्द्र मोदी ने कहा कि नेपाल के नए संविधान की सफलता सहमति और संवाद पर निर्भर करती है। |
| प्रथम सदस्य | : | श्री मुकेश, आपने इतिहास में भारत के किस काल का मुख्य रूप से अध्ययन किया था? |
| मुकेश | : | श्रीमान्, प्राचीन भारत का। |
| प्रथम सदस्य | : | आपने प्राचीन भारत को ही क्यों चुना? आधुनिक काल, मेरे विचार से, अधिक उपयोगी हो सकता था। आपका इस विषय में क्या अनुभव है? |
| मुकेश | : | श्रीमान् आपका विचार निश्चित रूप से उचित है। वह वर्तमान परिस्थितियों के लिए अधिक उपयोगी भी हो सकता था, किन्तु मेरा प्राचीन भारत के अध्ययन का कारण कुछ भिन्न रहा। |
| प्रथम सदस्य | : | आपका क्या विचार था? |
| मुकेश | : | श्रीमान् आधुनिक काल सामयिक काल है और उसका मूल्यांकन अभी निरपेक्ष भाव से नहीं हो सकता है। मेरी दृष्टि से इतिहास |

अतीत का विवरण है। उसका हम बिना किसी पूर्वाग्रह के निरपेक्ष भाव से अध्ययन कर सकते हैं। दूसरे, मैं भारत के अतीत की विवेचना करना चाहता था।

प्रथम सदस्य : अतीत के विवेचन से क्या लाभ होने की आशा आप करते हैं?

मुकेश : श्रीमान्, हमारे देश में सभी राजनीतिज्ञ भारतीय संस्कृति का गुणगान करते हैं, विश्व को सन्देश देने की क्षमता उसके आधार पर प्रकट करते हैं, किन्तु जब भी कोई अतीत की मान्यताओं का वर्णन करता है तो उसे प्रतिगामी कहते हैं। मैं यही विवेचना करना चाहता था कि दोनों में से असंगत क्या है?

दूसरा सदस्य : आपको क्या प्रतीत हुआ?

मुकेश : श्रीमान्, प्राचीन इतिहास का अध्ययन कर हमें वस्तुतः भव्य भारतीय संस्कृति के दर्शन होते हैं। आधुनिक काल का कोई विचार ऐसा नहीं है जिसकी परिकल्पना प्राचीन काल में न की गई हो। फिर भी एक बात है कि प्राचीनकाल में इतिहास इस प्रकार नहीं लिखा जाता था जैसे वर्तमान में। हम केवल शब्दों के आधार पर अर्थ नहीं निकाल सकते, अतिशयोक्ति को दूर कर सच्चे इतिहास की रचना नये सिरे से की जा सकती है।

दूसरा सदस्य : क्या प्राचीन मान्यताओं को आधुनिक काल में क्रियान्वित किया जा सकता है?

मुकेश : श्रीमान्, निश्चय ही, भारतीय मान्यताएँ प्रायः शाश्वत हैं और उन्हें वर्तमान परिवेश में क्रियान्वित किया जा सकता है। आवश्यकता इस बात की है कि हम उनके अर्थों को समझें और परिवर्तित परिस्थितियों के अनुकूल ढाल लें।

दूसरा सदस्य : श्री मुकेश, उत्तर प्रदेश एक विशाल राज्य है और बहुधा उसके विभाजन की माँग उठाई जाती है। आपका इस विषय में क्या विचार है?

मुकेश : श्रीमान्, यदि मेरी राय का कोई अर्थ है तो मैं उत्तर प्रदेश के विभाजन का समर्थन करता हूँ।

दूसरा सदस्य : किसी राज्य के विभाजन से कितना प्रशासनिक व्यय बढ़ जाता है, इसका आपको कोई अनुमान है?

| | | |
|---|---|---|
| मुकेश | : | राज्य के विभाजन से प्रशासनिक व्यय में वृद्धि होगी, इसमें कोई सन्देह नहीं है, किन्तु 16 करोड़ से अधिक जनसंख्या वाले इस प्रदेश का विभाजन करके जो प्रशासनिक कुशलता प्राप्त होगी; उसका व्यय भार जनता सहर्ष सहन कर लेगी। अभी तो प्रदेश का एक भाग अधिक समृद्ध है तो अन्य पिछड़े भाग की अवस्था में कोई विशेष परिवर्तन नहीं आया है। प्रशासकीय दृष्टि से इतने बड़े राज्य का प्रबंध बहुत बोझिल हो चला है जिससे महत्वपूर्ण क्षेत्रों के विकास के लिए धन और अन्य संसाधन उपलब्ध नहीं हो पाते। बहुत से आवश्यक कार्य अधूरे रह जाते हैं। इसके अतिरिक्त विभाजन से प्रशासकीय व्यय की क्षतिपूर्ति हो जायेगी। दूसरी ओर हरियाणा राज्य जो कि उत्तर प्रदेश की तुलना में बहुत छोटा राज्य है, द्रुत गति से प्रगति कर रहा है। प्रदेश के विभाजन से एक अन्य लाभ यह भी होगा कि स्थानीय लोगों की आशाएँ और आकांक्षाएँ अधिक प्रभावी रूप से फलीभूत हो सकेंगी, जिससे लोकतंत्र और अधिक सशक्त होगा। |
| दूसरा सदस्य | : | इसका अर्थ है कि आप छोटे राज्यों के समर्थक हैं? |
| मुकेश | : | श्रीमान्, भारत एक राष्ट्र है। यों तो राज्य इकाई मात्र हैं जो प्रशासनिक सुविधा के लिए हैं। वैसे छोटे राज्यों (पंजाब व हरियाणा) ने जो प्रगति की है, वह राजस्थान, मध्यप्रदेश, बिहार एवं उत्तर प्रदेश ने नहीं की है। अतः मैं छोटे राज्यों का समर्थक हूँ। |
| तीसरा सदस्य | : | श्री मुकेश अनुसूचित जातियों एवं जनजातियों के लिए जो आरक्षण की व्यवस्था है, उसने अपनी तीव्र प्रगति से सभी को अचम्भित कर दिया हैं उसके विषय में आपका क्या मत है? |
| मुकेश | : | श्रीमान्, इसके दो दृष्टिकोण हो सकते हैं। एक तो हमारा अपना व्यक्तिगत हित है। इस दृष्टि से तो यह आरक्षण हमें अखरता है, क्योंकि सामान्य पदों की संख्या कम होने पर हमारी नियुक्ति के अवसर कम होते हैं। दूसरा दृष्टिकोण है सामाजिक न्याय का / सामाजिक दृष्टि से जो वर्ग शताब्दियों से पीड़ित तथा पद दलित रहा है, उन्हें अतिरिक्त अवसर देकर समकक्ष लाने का यह प्रयास सराहनीय है। |

(सदस्यगण श्री मुकेश की स्पष्टवादिता की सराहना करते हैं। और श्री मुकेश उन्हें धन्यवाद देते हैं।)

तीसरा सदस्य : मेरा विचार है कि आपके दो दृष्टिकोणों से भिन्न एक मत और भी है वह है प्रशासनिक पक्ष।

मुकेश : श्रीमान् मैं आपसे सहमत हूँ। आरक्षण और प्रशासनिक दक्षता साथ–साथ नहीं चल सकते।

तीसरा सदस्य : इस दृष्टि से आपका क्या विचार है?

मुकेश : श्रीमान् प्रशासनिक दक्षता तो लोकतन्त्रीय पद्धति में मन्थर गति की हो जाती है। आरक्षण से अन्तर केवल मात्रा का होगा, गुणात्मकता का नहीं।

तीसरा सदस्य : क्या आपकी दृष्टि से कोई उपाय है?

मुकेश : श्रीमान्, एक तो हमें थोड़े दिनों और अधिक प्रतीक्षा करनी पड़ेगी। दूसरे, आरक्षण में भी हमें न्यूनतम स्तर, जो औसत कर्मचारी से कम न हो, अवश्य निर्धारित करना चाहिए और तीसरे उनके प्रशासनिक प्रशिक्षण की विशेष व्यवस्था करके उनकी कुशलता में वृद्धि की जा सकती है। इसके अतिरिक्त पदोन्नति में आरक्षण को समाप्त करना होगा। यदि इन सब बातों का समावेश कर लिया जाए तो पर्याप्त मात्रा में दोषों को दूर कर प्रशासनिक कुशलता में वृद्धि की जा सकती है।

चौथा सदस्य : श्री मुकेश, आपने अंग्रेजी साहित्य का अध्ययन किया है। आपको रोमांटिक कवियों में से किसने सर्वाधिक प्रभावित किया है?

मुकेश : श्रीमान्, जॉन कीट्स ने।

चौथा सदस्य : कीट्स ने आपको सर्वाधिक प्रभावित क्यों किया?

मुकेश : श्रीमान् वह स्थायी सौन्दर्य का पुजारी है। उसकी सौन्दर्य की धारणा भी सदैव परिवर्तित होती रहती है और अन्त में 'Ode to Autumn' में वह कुरूपता में भी सौन्दर्य के दर्शन करता है। उसके सौन्दर्य की कल्पना स्थूल से सूक्ष्म की ओर अग्रसर होती है। वह जब 'The Truth, the Good; the Beautiful' लिखता है तो हमें 'सत्यं,

शिवं, सुन्दरम्' का भाव स्पष्ट दिखाई देता है। उसके शब्द चयन, भावाभिव्यक्ति, छन्द रचना सभी सुन्दर हैं। एक अन्य बात जो कीट्स की कविताओं और उनके अन्तर्गत विद्यमान जीवन दर्शन में सूक्ष्म रूप से देखने को मिलती है, वह है उसका मानवतावाद। यही कारण है कि मिडिलटन मुरी जैसे समालोचकों ने कीट्स की तुलना विलियम शेक्सपीयर से की है। इसलिए उसने मुझे प्रभावित किया। वैसे बाइरन, शैली व वर्डसवर्थ भी उच्चकोटि के कवि हुए हैं।

चौथा सदस्य : एवं नाटककारों में।

मुकेश : श्रीमान् स्पष्ट रूप से शेक्सपीयर ने अपने नाटकों में पात्रों के माध्यम से संसार की विविधताओं का दर्शन कराया है। शेक्सपीयर की अपील सदा के लिए और सबके लिए है। चरित्र चित्रणकर्ता के रूप में उसका कोई समानान्तर नहीं। उसकी वस्तुगतता तथा मानवतावाद भी सराहनीय है। मानवीय भावनाओं का शेक्सपीयर जैसा सजीव चित्रण समस्त विश्व साहित्य में प्राचीन काल के यूनानी और संस्कृत भाषा साहित्य के कवियों और नाटककारों को छोड़कर अन्यत्र मिलना कठिन है।

चौथा सदस्य : श्री मुकेश, भारत की वर्तमान आर्थिक व्यवस्था के विषय में आप क्या समझते हैं?

मुकेश : श्रीमान्, वर्तमान में तो स्थिति संतोषजनक है। परंतु मूल्य वृद्धि चिंताजनक है और सामान्यजन का जीवन कष्टप्रद हो रहा है। विदेशी मुद्राकोष निश्चितरूपेण सुदृढ़ हुआ है। स्टॉक संवेदी सूचकांक का 20000 अंक को पार करना मजबूत आर्थिक स्थिति का द्योतक है। भारतीय कंपनियाँ विदेशों में अधिग्रहण कर रही हैं। भारत की साख मजबूत हुई है।

पहला सदस्य : काला धन संचय के लिए आप किसे उत्तरदायी मानते हैं?

मुकेश : श्रीमान्, इसके लिए मैं क्रमशः राजनीतिज्ञों, प्रशासकीय कर्मचारियों तथा व्यापारियों को उत्तरदायी मानता हूँ। यदि एक वर्ग के रूप में कहें तो धनिक वर्ग को जो नैतिकता का उपदेश देता है, किन्तु धन संग्रह के लिए प्रत्येक सम्भव उपाय को अपनाता है। दृष्टिकोण

भिन्न हो सकता है, उद्देश्य एक ही अर्थात् और अधिक धन संग्रह करना। विदेशी विनिमय के लिए हमारी गलत आर्थिक नीतियाँ उत्तरदायी रही हैं।

दूसरा सदस्य : क्या उसका कोई उपाय है?

मुकेश : श्रीमान्, हमारे प्राचीन ग्रन्थों में लिखा है तथा समय की माँग भी है, नैतिकता का परिपालन शिखर पर होना चाहिए और समृद्धि बढ़ाने के उपाय समाज के निम्न वर्ग के लिए होना चाहिए। इस समय इसके सर्वथा विपरीत आचरण हो रहा है। समृद्धि शिखर पर है और नैतिकता का पाठ निम्न स्तर के लिए सिखाया जा रहा है। इसके अतिरिक्त हमारी आर्थिक व्यवस्था, कर प्रणाली, प्राथमिकताओं का चयन आदि भी दोषपूर्ण है। प्रत्यक्षकर प्रणाली में आयकर की दर बहुत अधिक हैं, परिणाम यह होता है कि जिनके अन्दर कार्य करने की क्षमता है, उसका भी सर्वोत्तम एवं सम्पूर्ण उपयोग नहीं हो पाता, समाज से इसको हानि ही होती है, आयकर अर्जित आय पर न लगाकर अनर्जित आय पर लगाया जाना चाहिए। इससे काले धन की समस्या का भी आंशिक रूप से समाधान हो सकता है।

(इस अवसर पर अध्यक्ष महोदय हस्तक्षेप करके श्री मुकेश को धन्यवाद देते हैं तथा साक्षात्कार पूर्ण होने का संकेत करते हैं, श्री मुकेश अभिवादन कर शान्त एवं प्रसन्नचित से विश्वासयुक्त कदम रखते हुए साक्षात्कार कक्ष से बाहर चले जाते हैं)

---

**निष्कर्ष:** श्री मुकेश ने बहुत ही आकर्षक एवं संतोषजनक तरीके से अपना साक्षात्कार दिया। उनसे कई विषयों के प्रश्न पूछे गए। आरक्षण विषयक विचार पर भी अभ्यर्थी ने गम्भीरता से दोनों पक्ष प्रस्तुत किया। इससे उसके व्यापक दृष्टिकोण का आभास मिलता है। श्री मुकेश को वर्तमान स्थिति का समुचित ज्ञान है। साक्षात्कार मंडल के सदस्यों का सहयोग सकारात्मक था। साक्षात्कार का परिणाम अभ्यर्थी के हित में होगा, यह निश्चित प्रतीत होता है।

## 7. सिविल सर्विस परीक्षा के लिए ( काल्पनिक )

श्री अमर प्रतिभा संपन्न विद्यार्थी हैं। ये बिहार के निवासी हैं। ये सामान्य वर्गीय परिवार से संबंध रखते हैं। इनके पिताजी एक कृषक हैं एवं माताजी एक कुशल गृहिणी। श्री अमर ने ग्रामीण विद्यालय से मैट्रिक की परीक्षा में अच्छे अंक प्राप्त करने के पश्चात् दरभंगा के एक प्रतिष्ठित कॉलेज से अर्थशास्त्र में स्नातक किया। इन्होंने कड़ी मेहनत कर बिहार लोक सेवा आयोग द्वारा प्रायोजित परीक्षा में सफलता प्राप्त की और उन्हें साक्षात्कार के लिए बुलाया गया है। लम्बे कद के धनी श्री अमर के चेहरे पर आत्मविश्वास स्पष्ट झलकता है। ये विश्व की समस्याओं से अच्छी तरह परिचित हैं एवं सामान्य ज्ञान की अच्छी जानकारी रखते हैं।

श्री अमर साक्षात्कार कक्ष से सटे प्रतीक्षा कक्ष में अन्य प्रत्याशियों के साथ बैठकर भारतीय चुनाव की संभावनाओं पर बातचीत कर रहे हैं। चपरासी उनका नाम पुकारता है। अमर सावधानी से द्वार खोलकर कमरे में प्रवेश करते हैं। सदस्यगण आपस में कुछ विचार विमर्श कर रहे थे। वे अमर को कुछ देर प्रतीक्षा करने के लिए कहते हैं। सामान्य मुस्कराहट के साथ अमर कमरे से बाहर आ जाते हैं। थोड़ी देर के पश्चात् उन्हें पुनः बुलाया जाता है, सहजता से वे कमरे में प्रवेश करते हैं एवं सभी सदस्यों का अभिवादन करते हैं। अध्यक्ष उन्हें कुर्सी की ओर संकेत करके बैठने के लिए कहते हैं। धन्यवाद ज्ञापन करते हुए श्री अमर कुर्सी पर स्थान ग्रहण करते हैं। औपचारिकताओं को पूरा करने के उपरान्त प्रश्न-उत्तर का क्रम आरंभ होता है।

अध्यक्ष : अमर, आपने वर्ष 2007 में स्नातक परीक्षा पास की है। किस विश्वविद्यालय से तथा परीक्षा में आपके विषय क्या थे?

अमर : श्रीमन् मैंने मिथिला विश्वविद्यालय दरभंगा से यह परीक्षा उत्तीर्ण की है। समाज शास्त्र, अंग्रेजी साहित्य, हिन्दी तथा अर्थशास्त्र मेरे विषय थे।

अध्यक्ष : आपने हिन्दी विषय क्यों चुना था?

अमर : श्रीमन्, मेरे विचार से हिन्दी निकट भविष्य में सम्पूर्ण देश की सम्पर्क भाषा अवश्य बन जाएगी। कार्यालयों में भी कार्य हिन्दी में होने लगेगा। अतः मैंने अपना एक विषय हिन्दी चुनना ही उपयुक्त समझा।

अध्यक्ष : अपने अध्ययन काल में क्या आपने विश्वविद्यालय के शिक्षणेत्तर कार्यक्रमों में भाग लिया था?

अमर : श्रीमन्, मैं छात्रावास में रहता था। छात्रावास में भोजन की व्यवस्था का उत्तरदायित्व मुझे ही सौंपा गया था।

अध्यक्ष : अपने इस उत्तरदायित्व का निर्वहन करने में आपके समक्ष कौन–कौन सी समस्याएँ सामने आती थीं?

अमर : श्रीमन्, अनेक समस्याएँ सामने आती थीं। उनमें प्रमुख समस्या यह थी कि व्यय भार छात्रों पर कम पड़े और छात्रों की इच्छानुसार रुचिकर भोजन भी प्राप्त हो जाए। मेरी यह समस्या वास्तव में बड़ी कठिन थी, क्योंकि छात्र प्रायः अलग–अलग प्रकार के भोजन की माँग करते थे। मेरा यह प्रयास रहता था कि यथासम्भव सभी की रुचि के अनुसार उनकी माँगों को पूरा कर सकूँ।

अध्यक्ष : इसमें तो कभी–कभी वाद–विवाद की सम्भावना भी रहती होगी। ऐसी स्थिति में आप क्या करते थे?

अमर : श्रीमन्, जब तक मैंने यह कार्यभार सँभाला, ऐसा अवसर नहीं आया।

अध्यक्ष : आपको स्वयं किस प्रकार का भोजन रुचिकर प्रतीत होता है? क्या आपने अपनी रुचि के अनुरूप भी निर्णय लिए?

अमर : नहीं श्रीमन्, जहाँ सभी की सम्मिलित व्यवस्था हो, वहाँ व्यक्तिगत रुचि का प्रश्न ही खड़ा नहीं होता। उसकी व्यवस्था व्यक्तिगत रूप में की जा सकती है।

पहला सदस्य : श्री अमर, आपने अर्थशास्त्र विषय लेकर स्नातक परीक्षा पास की है।

अमर : जी श्रीमन्।

अध्यक्ष : क्या आपने जी–8 देशों के विषय में कुछ पढ़ा है?

अमर : हाँ श्रीमन्, यह संसार के सर्वाधिक विकसित देशों का समूह है। इसके सदस्यों में अमेरिका, इंग्लैण्ड, फ्रांस, इटली, जापान, जर्मनी, कनाडा व रूस शामिल है।

| | | |
|---|---|---|
| पहला सदस्य | : | विकसित देश अविकसित राष्ट्रों के विकास में सहयोग क्यों देते हैं? |

**अमर** : श्रीमन्, मेरी समझ के अनुसार इसके आर्थिक एवं राजनीतिक कारण है। विकसित देशों की समृद्धि तभी सम्भव है, जबकि अन्य देश उनके उत्पादित माल की खपत करने के योग्य हों। इसमें विकसित देशों को अविकसित राष्ट्रों के कच्चे माल की प्राप्ति का अवसर मिलता है और अपने विशेषज्ञों को उन प्रदेशों में भेजकर अन्य आवश्यक जानकारी भी प्राप्त होती है। इससे उनके राजनीतिक प्रभाव में वृद्धि होती है।

**पहला सदस्य** : क्या आप यह अनुभव करते हैं कि विकसित राष्ट्र अपने स्वार्थों के लिए ही अपने सहयोग का हाथ बढ़ाते हैं?

**अमर** : श्रीमन्, मेरी दृष्टि में तो ऐसा ही प्रतीत होता है।

**पहला सदस्य** : प्रतीत होता है अथवा यह वास्तविकता है?

**अमर** : श्रीमन्, मैं तो इसे वास्तविकता ही समझता हूँ।

**दूसरा सदस्य** : हमारे देश के अब तक के बजट की रिपोर्ट के आधार पर क्या आप यह अनुभव करते हैं कि वे सामाजिक न्याय प्रदान करने में सहयोग दे रहे हैं।

**अमर** : श्रीमन्, अब तक का अनुभव तो यह है कि इससे धनी वर्ग के व्यक्तियों को और अधिक धनी होने का अवसर मिला है और निर्धन वर्ग का स्तर और गिरा है। वास्तव में हमारी पंचवर्षीय योजनाओं के कारण सामान्य जनता को अधिक लाभ नहीं हुआ। अभी भी लगभग 29% आबादी गरीबी रेखा के नीचे जीवन यापन कर रही है।

**दूसरा सदस्य** : इसके क्या कारण हैं?

**अमर** : श्रीमन, इसके कई कारण हैं। नियोजन का अर्थ मेरी दृष्टि में यह है कि पहले पक्षों पर पूर्ण विचार कर लिया जाए तथा आगामी परिस्थितियों को दृष्टि में रखकर कोई निर्णय लिया जाए। हमारे यहाँ बहुत सी योजनाओं के क्रियान्वयन के विषय में पूर्ण ज्ञान नहीं होता। ऐसी स्थिति में योजना की सफलता निश्चय ही संदिग्ध है। लालफीताशाही, अपव्यय, अकर्मण्यता, भ्रष्टाचार आदि अवगुण स्पष्ट दिखाई देते हैं। इसके अतिरिक्त भूमण्डलीकरण ने स्थिति को और

अधिक विषम बना दिया है। यह सही है कि भूमण्डलीकरण से भारत की अर्थव्यवस्था काफी मजबूत हुई है और वृद्धि दर लगभग 8–9% प्रतिवर्ष पहुँच गई है, किन्तु अमीर और गरीब का फासला और बढ़ गया है।

दूसरा सदस्य : क्या आप इसके लिए सरकारी कर्मचारियों को ही दोष देते हैं?

अमर : नहीं श्रीमन्, यह तो केवल एक ही पक्ष है।, जनता का सहयोग भी नहीं मिलता और राजनीतिज्ञ भी प्रशासन में हस्तक्षेप करते हैं। इससे कार्य में बाधा पड़ती है और इच्छित परिणाम भी नहीं मिलते। इसके अतिरिक्त अभी नीचे से नियोजन की अवधारणा को साकार रूप नहीं दिया जा सका है। नियोजन व्यक्ति पर आधारित न होकर अस्पष्ट जनसमूह पर आधारित है। परिणाम यह होता है कि सक्षम, सबल और अमीर लोग योजना का लाभ उठा लेते हैं और निर्बल एवं निर्धन लोग उनसे वंचित रहते हैं। यही कारण है कि लगभग छह दशकों के पश्चात् भी गरीबों की संख्या में कोई विशेष कमी नहीं आयी। स्पष्ट है इसके लिए हमारा त्रुटिपूर्ण एवं गैर कल्पनाशील नियोजन व भूमण्डलीकरण उत्तरदायी है।

दूसरा सदस्य : इसका अर्थ यह है कि इसके लिए आप सभी सम्बन्धित पक्षों को दोषी मानते हैं।

अमर : श्रीमन्, मैं तो यही समझता हूँ।

तीसरा सदस्य : आप ग्लोबल वार्मिंग के बारे में बताइए।

अमर : महाशय, सूर्य से पृथ्वी पर आने वाली ऊर्जा के कुछ अंश को वायुमंडल और कुछ को धरातल अवशोषित कर लेते हैं एवं शेष ऊर्जा अंतरिक्ष में वापस चली जाती है। विभिन्न कारणों से पृथ्वी के वायुमण्डल में कार्बन डाइऑक्साइड की मात्रा बढ़ती जा रही है। कार्बन डाइऑक्साइड ऊष्मा का अधिक शोषण करती है जिससे ऊष्मा का तरंगदैर्ध्य पर्याप्त बदल जाता है। बदले हुए तरंग दैर्ध्य की ऊष्मा वायुमण्डल को पार नहीं कर पाती है और वायुमण्डल में ही कैद होकर रह जाती है, जिससे वायुमण्डल का ताप बढ़ रहा है। इसे ही ग्लोबल वार्मिंग कहते हैं।

| | | |
|---|---|---|
| तीसरा सदस्य : | देश में विशेष राज्य का दर्जा पाने वाला पहला राज्य कौन–सा था? |

तीसरा सदस्य : देश में विशेष राज्य का दर्जा पाने वाला पहला राज्य कौन–सा था?

अमर : देश में जम्मू–कश्मीर को वर्ष 1948 में संविधान के अनुच्छेद 370 के तहत् विशेष राज्य का दर्जा पाने वाला प्रथम राज्य कहा जाता है।

तीसरा सदस्य : नए मुख्य चुनाव आयुक्त कौन होंगे?

अमर : महाशय, श्री एस.वाई. कुरैशी।

दूसरा सदस्य : क्या आप अपने चयन के विषय में आश्वस्त नहीं हैं?

अमर : श्रीमन्, मैंने प्रयास तो पूरा किया है। सफलता की आशा भी करता हूँ किन्तु यह प्रतियोगिता परीक्षा है। स्थान सीमित हैं और प्रत्याशियों की संख्या अधिक है। अन्य प्रत्याशियों की तुलना में मैं कहाँ ठहरता हूँ यह कहना मेरे लिए सम्भव कैसे हो सकता है? मैं तो यथार्थ के आधार पर ही कुछ कह सकता हूँ।

(इसी अवसर पर साक्षात्कार मंडल के अध्यक्ष श्री अमर को धन्यवाद ज्ञापन करते हैं तथा श्री अमर अभिवादन करके कमरे से बाहर चले जाते हैं।)

---

**निष्कर्ष:** श्री अमर का साक्षात्कार 25–30 मिनट तक चला। उनसे विविध क्षेत्रों से प्रश्न पूछे गए। अमर ने ध्यानपूर्वक प्रश्नों को सुना एवं गंभीरता से उत्तर दिया। कुछ ऐसे भी प्रश्न पूछे गए जो अमर के लिए अपरिचित थे। तथापि अमर ने हिम्मत नहीं हारी, धैर्य नहीं खोया। अमर ने साक्षात्कार के दौरान शिष्टाचार एवं शालीनता बखूबी निभायी। उन्होंने बोर्ड का विश्वास जीतने का भरसक प्रयास किया। उनकी सफलता सुनिश्चित प्रतीत होती है।

## 8. प्रशासनिक अधिकारी परीक्षा के लिए

श्री प्रकाश का छात्र जीवन उज्ज्वल रहा है। सामान्य कृषक परिवार में जन्मे प्रकाश ने अर्थशास्त्र विषय में सम्मान के साथ स्नातक किया है। अर्थशास्त्र के साथ राजनीति शास्त्र व लोक प्रशासन इनके अन्य विषय थे। संप्रति एम.बी. ए. कर रहे हैं। इन्होंने बी.ए. करने के पश्चात् ही प्रतियोगिता परीक्षाओं के लिए तैयारी आरंभ कर दी। श्री प्रकाश की मेहनत रंग लायी और उन्होने लोक सेवा आयोग की लिखित परीक्षा पास की और उन्हें साक्षात्कार के लिए बुलाया गया।

श्री प्रकाश मृदुल स्वभाव के हैं। अन्य प्रत्याशियों के साथ सहजता किंतु गंभीरता से वार्ता करने में व्यस्त हैं। सौभाग्य से सभी प्रत्याशी जागरूक नागरिक की भांति देश की वर्तमान दशा, जनता की निराशा के कारण, राजनीतिक नेतृत्व की सिद्धांतहीनता, जीवन मूल्यों के स्तर की गिरावट आदि विषयों पर वार्ता कर रहे हैं। श्री कुमार मानते हैं कि वर्तमान दशा चिंतनीय है, किन्तु वे भविष्य के लिए आशा की किरण स्पष्ट देखते हैं। उनका छोटा सा वाक्य-Night is darkest before it dawns-उनके आत्मविश्वास को प्रकट करता है। उसी समय वे साक्षात्कार के लिए आमंत्रित किए जाते हैं। वे अपने साथियों का अभिवादन करते हैं। साथी उन्हें शुभकामना देते हैं।

श्री प्रकाश साक्षात्कार कक्ष की ओर जाते हैं। कक्ष के समक्ष पहुंचकर वह धीरे से द्वार खोलते हैं तथा प्रवेश की अनुमति मांगते हैं। अनुमति मिलने पर वह कक्ष में प्रवेश कर अध्यक्ष सहित सभी सदस्यों का अभिवादन करते हैं। वह प्रतीक्षा कर ही रहे थे कि अध्यक्ष उन्हें कुर्सी पर बैठने का संकेत देते हैं। वह निर्धारित कुर्सी पर बैठते हैं तथा धन्यवाद ज्ञापित करते हैं। इसके बाद प्रश्नोत्तर का क्रम जारी होता है।

| | | |
|---|---|---|
| अध्यक्ष | : | प्रकाश जी, आप कहाँ से आए हैं? |
| प्रकाश | : | महाशय, मैं रांची (झारखंड) से आया हूँ। |
| अध्यक्ष | : | अभी झारखंड का मुख्यमंत्री कौन है? |
| प्रकाश | : | अभी झारखंड में राष्ट्रपति शासन है, श्रीमान्। |

अध्यक्ष : भारत के राष्ट्रपति कौन हैं?

प्रकाश : श्रीमान्, श्रीमती प्रतिभादेवी सिंह पाटिल।

अध्यक्ष : आपने अर्थशास्त्र (सम्मान) में बी.ए., किया है।, आपने राजनीति शास्त्र भी पढ़ा है। राजनीतिक विज्ञान पढ़ने के लिए आप कैसे प्रेरित हुए?

प्रकाश : यह विषय मुझे अच्छा लगा क्योंकि इसके द्वारा देश–विदेश की शासन प्रणालियों तथा संवैधानिक विकास का पता चलता है।

अध्यक्ष : अब्राहम लिंकन ने लोकतांत्रिक शासन की परिभाषा बताई है। क्या आप उसके बारे में कुछ बताएंगे?

प्रकाश : जी हाँ। अब्राहम लिंकन ने कहा था–जनता की सरकार, जनता के लिए कार्यरत सरकार, जनता के द्वारा संचालित सरकार ही लोकतांत्रिक सरकार है।

अध्यक्ष : लोकतांत्रिक शासन को किसी ने मुर्खों की सरकार कहा है।

प्रकाश : जी हाँ, मुर्खों की सरकार यह तब बन जाती है जब भोली–भाली अनपढ़ जनता मतदान के महत्व को नहीं समझती तथा अपात्र लोगों को अपना प्रतिनिधि चुन लेती है। ऐसे प्रतिनिधि लोकहित की बात छोड़कर आत्महित सोचने लग जाते हैं।

पहला सदस्य : अभी भारत में किस लोकसभा के लिए चुनाव हुए?

प्रकाश : श्रीमान, पंद्रहवीं लोकसभा के लिए।

अध्यक्ष : भारतीय संविधान में क्या ऐसी संभावनाएं हैं जिसके कारण राष्ट्रपति को अपरिमित शक्तियाँ मिल गई हों?

प्रकाश : भारतीय संविधान किसी को भी अपरिमित शक्तियाँ नहीं देता। संकटकालीन समय में उसे कुछ विशिष्ट अधिकार अवश्य मिल जाते हैं किन्तु राष्ट्रपति को संकटकालीन अवस्था बनाए रखने के अपरिमित अधिकार नहीं हैं।

पहला सदस्य : संकटकालीन शक्तियों के अंतर्गत राष्ट्रपति को अधिकार है कि वह किसी भी राज्य के शासन की बागडोर अपने हाथ में ले ले। क्या जम्मू–कश्मीर के बारे में भी उसे यह अधिकार प्राप्त है?

प्रकाश : जी हां संकटकालीन स्थिति की घोषणा करके राष्ट्रपति जम्मू–कश्मीर के शासन को भी अपने हाथ में ले सकता है।

दूसरा सदस्य : ''राज्य के नीति निर्देशक सिद्धांत'' से क्या आशय हैं?

प्रकाश : हमारे देश के संविधान की यह विशेषता है कि इसमें आयरलैंड के संविधान की तरह ऐसे सिद्धांतों का समावेश किया गया है ताकि केंद्र तथा राज्य सरकारें कानून बनाते समय उन लोकहित के सिद्धांतों को ध्यान में रखते हुए कानून का निर्माण करें। संविधान की प्रस्तावना (Preamble) में निहित भावों को साकार रूप देने के लिए इन सिद्धांतों को संविधान में शामिल किया गया है। ये सिद्धांत एक प्रकार से कार्यपालिका तथा विधान–मंडल के लिए निर्देश हैं।

दूसरा सदस्य : मूलाधिकार तथा राज्य के नीति निर्देशक सिद्धांतों में क्या अंतर है?

प्रकाश : मूलाधिकार तथा नीति निर्देशक सिद्धांत में मुख्य अंतर यह है कि मूलाधिकारों को न्यायालय द्वारा चुनौती दी जा सकती है तथा उनको लागू करने के लिए शासन को विवश किया जा सकता है किंतु राज्य के नीति निर्देशक तत्वों को कानून द्वारा लागू नहीं कराया जा सकता। इनके पीछे केवल नैतिक बल होता है। सरकार चाहे तो इनका पालन करे और न चाहे तो उसे मजबूर नहीं किया जा सकता।

पहला सदस्य : आपकी भारतीय प्रशासक के विषय में क्या धारणा है?

प्रकाश : श्रीमान्, जहाँ तक योग्यता, कुशलता, क्षमता व प्राविधिक ज्ञान का प्रश्न है, भारतीय प्रशासक विश्व स्तर के हैं। उन्होंने अपनी कार्य कुशलता का परिचय भी दे दिया है। जितने भी प्रशासक विश्व संगठनों में कार्यरत हैं, उनकी दक्षता एवं प्रसिद्धि से सभी परिचित हैं।

दूसरा सदस्य : क्या कारण है कि भारतीय प्रशासक भारतीय जनता की आकांक्षाओं को पूरा करने में असमर्थ रहे हैं?

प्रकाश : श्रीमान्, मेरी दृष्टि में इसके अनेक कारण हैं : पहला कारण तो यह है कि उनमें साहस की कमी है और वे राजनीतिक दबाव में कार्य करते हैं। अपने व्यवहारिक ज्ञान के आधार पर उन्हें अपनी टिप्पणियाँ लिखनी चाहिए। वे ऐसा न करके अपने मंत्रियों को प्रसन्न करने के

लिए जैसा वे (राजनीतिक नेता) कहते हैं, उनकी टिप्पणियाँ लिख देते हैं। अपनी पदोन्नति के लिए वे सभी कार्य करते हैं जो उन्हें नहीं करना चाहिए। दूसरे वे लोकतंत्रीय भावना के अनुरूप अपने दृष्टिकोण में परिवर्तन नहीं कर सके हैं। जनता से उन्हें कोई सहानुभूति नहीं। तीसरे, उनमें व्यक्तिगत लाभ की आकांक्षा अधिक है। राष्ट्रीय भावना का अभाव है। अतः मैं कहना चाहूँगा कि वे पद का दुरुपयोग करते हैं और धनोपार्जन करने के हथकंडे अपनाते हैं। किंतु सभी प्रशासक ऐसे हैं, ऐसा नहीं है। किंतु अधिकांश प्रशासकों को अपने में परिवर्तन लाना आवश्यक है। परिवर्तन मानसिकता में लाना हैं वे अपने को हृदय से प्रशासक न समझकर लोकसेवक समझें; यदि ऐसा होगा तो अवश्य ही वे अपने कार्य एवं अपनी व्यवहार कुशलता से जनमानस की आशाओं और आकांक्षाओं की पूर्ति कर सकेंगे।

दूसरा  सदस्य :   लोकनिगम क्यों लोकप्रिय हो रहे हैं?

प्रकाश        :   श्रीमान, रुजवेल्ट ने लोक निगम के विषय में कहा है कि यह इस शताब्दी के सर्वाधिक महत्व का राजनीतिक आविष्कार है। राज्य ने आर्थिक क्षेत्र में भी प्रवेश किया है। इससे प्रशासकीय समस्याओं में वृद्धि हुई है। व्यवस्था की दृष्टि से व्यावसायिक संस्थाओं में स्वतंत्रतापूर्वक स्वविवेक से निर्णय लेना आवश्यक है। सरकारी व्यवस्था में यह अधिकार प्रशासनिक पदाधिकारियों को देना संभव नहीं है। लोकनिगम में सरकारी सत्ता भी प्राप्त होती है और व्यावसायिक स्वतंत्रता भी होती है। इस समन्वय से अधिकारियों को अपने कार्य करने का अवसर मिलता है तथा नियमों में सुविधानुसार संशोधन करने का अवसर मिलता है।

तीसरा सदस्य :   भारत सरकार द्वारा 20 बैंकों का राष्ट्रीयकरण अब तक किया जा चुका है। इसके विषय में आपका क्या मत है?

प्रकाश        :   श्रीमान् 14 बैंकों का राष्ट्रीयकरण तो 1969 में हो चुका था। अन्य बैंकों में अधिक सुविधा मिलने के कारण उनमें वृद्धि एवं विकास तीव्र गति से प्रारंभ हुआ। राष्ट्रीयकृत बैंकों में निपुणता समाप्त हो

गई। व्यवसायी वर्ग को कठिनाई हुई तो उन्होंने उन बैंकों की सेवा लेनी प्रारंभ की ओर उन बैंकों का व्यवसाय तीव्र गति से बढ़ा। सरकार ने अन्य छः बैंकों का राष्ट्रीयकरण करके अच्छा नहीं किया। इससे व्यावसायिक प्रतिद्वंद्विता समाप्त हो जाएगी और बैंकों की कुशलता पर और भी प्रतिकूल प्रभाव पड़ेगा। जनता की शिकायतें एवं कठिनाइयाँ और बढेंगी।

तीसरा सदस्य : श्री कुमार, समस्त विश्व में पुनः पूंजीवाद की ओर (Return to Capitalism) की प्रवृत्ति दिखाई पड़ रही है। ऐसा क्यों हो रहा है, जबकि कुछ समय पूर्व समाजवाद अथवा समाजवादी व्यवस्था की स्थापना को साम्यवादी देशों के नेता ही नहीं, लोकतांत्रिक देशों के नेता भी अपने दलों के घोषणा पत्रों में समाहित करते थे?

प्रकाश : श्रीमान्, निश्चय ही श्रीमान! विश्व तेजी से निजीकरण और पूंजीवादी व्यवस्था की ओर पुनः प्रवृत्त हो रहा है। इसका कारण है साम्यवादी व्यवस्था के दोष। प्रारंभ में तो साम्यवादी व्यवस्था की स्थापना की कल्पना मात्र ने जनता को बहुत आकर्षित किया, किंतु जिन देशों में इसकी स्थापना हुई वहाँ उसका व्यावहारिक पहलू बहुत कष्टदायक रहा। जिसकी प्रत्येक व्यक्ति, प्रत्येक अन्य वस्तु से अधिक कद्र करता है, उस व्यक्तिगत स्वतंत्रता को केंद्रीयकरण के दोषों ने हरण कर ली। लोगों का जीवन घुटन की स्थिति में बीतने लगा। दूसरे, प्रतिस्पर्धा समाप्त हो जाने के कारण उत्पादन में कमी होती गई जिसका परिणाम हुआ आर्थिक व्यवस्था का चरमरा जाना। साम्यवादी देश इस तथ्य को अपनी जनता से कब तक छिपाते और उन्होंने खुली बाजार व्यवस्था वाले देशों की समृद्धि से सबक लेकर अपने यहाँ पुनः इस व्यवस्था की स्थापना हेतु कदम उठाये। फलतः सोवियत यूनियन सहित समस्त पूर्वी यूरोप एक वर्ष की अवधि में ही लोकतांत्रिक पद्धति एवं खुली बाजार व्यवस्था में परिवर्तन करने में सफल हुआ। अन्य देशों में भी जिनमें भारत भी शामिल है, अपने यहाँ आर्थिक नियंत्रण ढीले किये और निजीकरण को प्रोत्साहित किया जिसके परिणाम अच्छे आ रहे हैं। ऐसा लगता

है अभी काफी समय तक इसी अवस्था के चलते रहने में ही विकासशील देशों का कल्याण है।

तीसरा सदस्य : अन्य दलों के नेताओं का मत है कि बैंकों के राष्ट्रीयकरण के कारण आर्थिक नहीं राजनीतिक हैं, आपका क्या मत है?

प्रकाश : श्रीमान्, सामान्य रूप से विपक्षी दल के नेता अपने उत्तरदायित्व को भली प्रकार नहीं निभाते, किंतु इस विषय में उनकी आलोचना कुछ उचित प्रतीत होती है, क्योंकि सत्तापक्ष भी राजनीतिक कठिनाई अनुभव करता है तो चमत्कारिक कार्य करके जनता का ध्यान दूसरी ओर आकर्षित करने का प्रयास करता है। वैसे उनका तर्क यह है कि ये बैंक लाभ की मनोवृत्ति से कार्य करते हैं और ग्रामीण क्षेत्रों में अपनी शाखाएँ नही खोलते तथा ग्रामीणों को आर्थिक सहायता प्रदान नहीं करते। इस तर्क में कुछ वास्तविकता हो सकती है, किन्तु अन्य 14 बैंक क्या इसके लिए पर्याप्त नहीं थे? आर्थिक क्षेत्र की प्रतिद्वन्द्विता को समाप्त करना उचित नहीं है।

अध्यक्ष : प्रकाश जी, आपने हमारे प्रश्नों का संतोषजनक उत्तर दिया। अब आप जा सकते हैं।

प्रकाश : धन्यवाद महाशय एवं शुभ अभिवादन।

---

**निष्कर्ष:** श्री प्रकाश कुमार का साक्षात्कार 25–30 मिनट तक चला। उनसे विविध क्षेत्रों से प्रश्न पूछे गए। प्रकाश ने ध्यानपूर्वक प्रश्नों को सुना एवं गंभीरता से उत्तर दिया। कुछ ऐसे भी प्रश्न पूछे गए जो प्रकाश के लिए अपरिचित थे। तथापि प्रकाश ने हिम्मत नहीं हारी, धैर्य नहीं खोया। प्रकाश ने साक्षात्कार मंडल का विश्वास जीतने का भरसक प्रयास किया। उनकी सफलता सुनिश्चित प्रतीत होती है।

## 9. भारतीय आर्थिक सेवा के लिए

श्री अख्तर अब्बास का जन्म ग्वालियर में हुआ था। उनकी आरंभिक शिक्षा सिंधिया पब्लिक स्कूल में हुई। बाद में वे इलाहाबाद विश्वविद्यालय में अध्ययन के लिए गए। उन्होंने अर्थशास्त्र में एम॰ए॰ किया, उनका इण्टरव्यू भारतीय आर्थिक सेवा के लिए लिया गया।

श्री अब्बास : क्या मैं अन्दर आ सकता हूं?

अध्यक्ष : आइए श्री अब्बास, बैठिए।

श्री अब्बास : धन्यवाद (बैठते हैं)।

अध्यक्ष : संघ लोक सेवा आयोग में क्या यह आपका पहला इण्टरव्यू है?

श्री अब्बास : जी हां।

अध्यक्ष : आपका पता अभी भी इलाहाबाद विश्वविद्यालय का है, आप वहां क्या करते हैं?

श्री अब्बास : मैं वहां इतिहास से एम॰ ए॰ कर रहा हूं।

अध्यक्ष : क्यों?

श्री अब्बास : मुझे सिविल सेवा में दो विषय ऐच्छिक लेने थे।

पहला सदस्य : ऊंची सरकारी सेवाओं में मुसलमान काफी कम संख्या में हैं। क्या आपने कभी इसका विश्लेषण किया है।

श्री अब्बास : भारत के मुसलमानों ने सामुदायिक रूप से शिक्षा की ओर बहुत कम ध्यान दिया है। अन्य अल्पसंख्यकों जैसे–सिख, पारसी, ईसाइयों की तुलना में ऊँची शिक्षा प्राप्त करने में इनका औसत काफी कम है।

पहला सदस्य : क्या मुसलमानों के साथ कोई भेद–भाव बरता जाता है?

श्री अब्बास : सरकारी सेवाओं में जहां खुली प्रतियोगिता के आधार पर चयन होता है, कोई प्रतिबंध नहीं है किन्तु दुर्भाग्य से निजी क्षेत्र के उपक्रमों में भेद–भाव है।

पहला सदस्य : यह भेदभाव केवल मुसलमानों के साथ है अथवा जातिगत, धर्मगत या समुदाय के साथ भी है?

श्री अब्बास : आप ठीक फरमाते हैं। विभिन्न उपक्रमों के मालिक अपने उद्योग में अपनी ही जाति के लोगों को काम में रखना पसन्द करते हैं। मुसलमानों के स्वामित्व के कुछ बड़े व्यापारिक प्रतिष्ठानों में भी उपेक्षा की जाती है।

पहला सदस्य : मैं मानता हूं। कभी–कभी लोग अपने क्षेत्र वालों को ही वरीयता देते हैं जैसे–इन्दौर, भोपाल, लखनऊ, दिल्ली में स्थापित उद्योगों में आस–पास के लोगों को ज्यादा महत्त्व दिया जाता है।

श्री अब्बास : ऐसा पहले होता रहा है, यह उतना बुरा भी नहीं है।

दूसरा सदस्य : क्या बैंकों का राष्ट्रीयकरण करना उचित कदम था?

श्री अब्बास : सरकारी दृष्टिकोण से सही कदम था क्योंकि सरकार कमजोर लोगों को अधिक कर्ज कम ब्याज दर पर देने के लिए कहती है।

दूसरा सदस्य : लेकिन खातेदार ज्यादा खुश नहीं हैं।

श्री अब्बास : यह सच है, क्योंकि बैंकों में अब अकुशलता बढ़ती जा रही है।

दूसरा सदस्य : क्या बैंकों का राष्ट्रीयकरण किए बिना भी सरकार के पास अपने उद्देश्यों को प्राप्त करने का कोई तरीका था?

श्री अब्बास : क्षमा करें, मुझे ज्ञात नहीं है।

दूसरा सदस्य : क्या आपने पढ़ा है कि रिजर्व बैंक के पास ऐसी कौनसी शक्तियां तथा निर्देश देने के अधिकार हैं जो वह बैंकों को जारी कर सकता है?

श्री अब्बास : मैं सही–सही नहीं बता सकता।

तीसरा सदस्य : मध्य प्रदेश की क्या विशेषता है?

श्री अब्बास : मध्य प्रदेश में सबसे ज्यादा हवाई अड्डे हैं।

तीसरा सदस्य : आप वहां की अनुसूचित जन–जातियों के बारे में क्या जानते हैं?

श्री अब्बास : मैं यह बताना भूल गया कि मध्य प्रदेश में बसने वाली अनुसूचित जन–जातियों की जनसंख्या सबसे ज्यादा है। इन जातियों पर राष्ट्रीय प्रगति का कोई खास प्रभाव नहीं पड़ा।

तीसरा सदस्य : किन्तु योजना आयोग ने तो इनके लिए विपुल मात्रा में धन राशि खर्च करने की स्वीकृति प्रदान की है।

श्री अब्बास : शायद इस धनराशि का सही उपयोग नहीं किया जा रहा है और भ्रष्टाचार के कारण बहुत-सा धन व्यर्थ जा रहा है।

तीसरा सदस्य: हम लोग इस भ्रष्टाचार तथा बर्बादी को रोकने के लिए क्या कर सकते हैं?

श्री अब्बास : यह एक जटिल प्रश्न है। आम धारणा यह है कि राजनीतिज्ञों तथा अधिकारियों के बीच सही तालमेल नहीं हो पा रहा है और दूरियां बढ़ती जा रही हैं।

चौथा सदस्य : अमेरिका द्वारा इराक पर अपनाई गई नीति पर आप के क्या विचार हैं?

श्री अब्बास : अमेरिका द्वारा इराक पर अपनाई गई नीति मेरी समझ से पूरी तरह असफल साबित हो रही है। स्वयं अमेरिका के अन्दर इराक नीति के दुष्परिणाम सामने आने के साथ ही चौतरफा असंतोष बढ़ रहा है। इराक में कठपुतली सरकार के माध्यम से तथाकथित प्रजातंत्र की स्थापना करने, इराक के आर्थिक संसाधनों विशेषकर तेल का दोहन करने तथा इराक को केन्द्र में रखकर अरब जगत् के लिए नई नीति व व्यवस्था को लागू करने का उसका सपना पूरी तरह असफल सिद्ध हो गया है।

चौथा सदस्य : क्या आप जानते हैं कि मध्य प्रदेश में कौन-से ऐसे मुख्यमंत्री हुए हैं जो पूरी अवधि तक अपने पद पर बने रहे हैं?

श्री अब्बास : श्री अर्जुन सिंह और दिग्विजय सिंह; अन्य यदि कोई हो तो उसका मुझे पता नहीं है।

चौथा सदस्य : डॉ॰ कैलाशनाथ काटजू तीसरे ऐसे मुख्यमंत्री थे।

अध्यक्ष : यदि आपको भारतीय आर्थिक सेवा में ले लिया जाता है तो क्या आप फिर भी भारतीय प्रशासनिक सेवा के लिए अपना प्रयास जारी रखेंगे।

श्री अब्बास : जी हां साहब, मैं प्रयास अवश्य करूंगा।

अध्यक्ष : आर्थिक सेवा में रहकर आप कैसे तैयारी कर पाएंगे?

श्री अब्बास : मेरी तैयारी तो पूरी हो चुकी है यदि जरूरी हुआ तो मैं दो महीने की छुट्टी लेकर आवश्यक विषयों को दोहरा लूंगा।

अध्यक्ष : धन्यवाद, अब आप जा सकते हैं। (उम्मीदवार कमरे से बाहर आता है।)

---

निष्कर्ष: कुल मिलाकर यह एक अच्छा इण्टरव्यू था। श्री अब्बास ने अपनी सुविधा, सन्तुलन और उद्देश्य को भली प्रकार प्रस्तुत किया। श्री अब्बास की कमजोरी यही रही कि वे अपने ही राज्य मध्य प्रदेश की गतिविधियों से भली प्रकार परिचित नहीं थे, किन्तु यह क्षम्य है क्योंकि वे काफी समय से इलाहाबाद विश्वविद्यालय में अध्ययनरत् रहे। उनकी सफलता निश्चित प्रतीत होती है।

## 10. रेलवे विभाग में रिक्त कल्याण अधिकारी के लिए

श्री सी॰बी॰ बालचन्दन चेन्नई के निवासी हैं तथा मद्रास विश्वविद्यालय, चेन्नई से उन्होंने समाज शास्त्र में एम॰ए॰ किया था। सामाजिक व्यवस्थाओं के अध्ययन में उनकी काफी रुचि रही है तथा उन्होंने अनुसूचित जातियों तथा अनुसूचित जनजातियों के अध्ययन में अच्छा काम किया है। सम्प्रति वे तमिलनाडु सरकार के अनुसूचित जाति तथा अनुसूचित जनजाति निदेशालय में अनुसंधान अधिकारी हैं तथा रेलवे विभाग में रिक्त कल्याण अधिकारी के पद के लिए वे अपना साक्षात्कार देने दिल्ली आए हैं। श्री बालचन्दन का हिन्दी ज्ञान अत्यल्प है। यहां प्रस्तुत है उनके साक्षात्कार का अंग्रेजी से हिन्दी में अनुवाद।

श्री बालचन्द्रन : क्या मैं अन्दर आ सकता हूँ?

अध्यक्ष : आइए बालचन्द्रन जी, बैठिए।

श्री बालचन्द्रन : अभिवादन करते हैं तथा अपनी कुर्सी ग्रहण करते हैं।

अध्यक्ष : आजकल आप अनुसूचित जातियों तथा जन जातियों के विभाग से संबंधित हैं। इनकी प्रमुख समस्याएँ क्या हैं?

श्री बालचन्द्रन : मैं तमिलनाडु सरकार के उक्त विभाग से जुड़ा हुआ हूं, इसलिए केवल यहां के लोगों के बारे में बताना चाहूंगा। वास्तविकता यह है कि गरीबी और अशिक्षा दो प्रमुख समस्याएँ हैं जो इन जातियों को आगे बढ़ने नहीं देतीं। इन लोगों के बीच कुछ मिशनरियां सक्रिय हैं जो एक निहित उद्देश्य को लेकर इनके उत्थान का काम करती हैं किन्तु यह कार्य भी सबों तक नहीं पहुंच पाता, निहित उद्देश्य इसका कारण है। भारत सरकार ने कुछ समय पूर्व एक उच्च स्तरीय पैनल बनाया था जिसमें कहा गया था कि केन्द्र सरकार की आर्थिक नीतियों का लाभ अनुसूचित जातियों तथा जन जातियों तक नहीं पहुंच पाता। इन नीतियों को उन तक पहुंचाने के लिए व्यापक उपाय करने के मार्ग में आने वाली बाधाओं का पता लगाया जाए और उन्हें दूर किया जाए।

अध्यक्ष : इस समस्याओं को दूर करने का क्या कोई सुगम उपाय है?

श्री बालचन्द्रन : अवश्य है तथा केन्द्र और राज्य सरकार प्रयत्नशील है कि सरकार की नीतियों का सीधा लाभ उन्हें मिले किन्तु एक समस्या समाप्त होती है तो दूसरी आड़े आती है। ऐसी कुछ सामाजिक कुरीतियां हैं जिनको हटाना भी जरूरी है। अतएव सरकार ने सीधे उन जातियों के सदस्यों को ऋण देने की योजना कार्यान्वित की है। समीपवर्ती क्षेत्रों में पाठशालाएँ खोली गई हैं। इसके अलावा कुछ परम्पराओं तथा रीति–रिवाजों की हानियां बताकर उन्हें जागरूक किया जा रहा है।

पहला सदस्य: मौलिक अधिकार किसे कहते हैं संविधान में इनकी सुरक्षा के लिए क्या गारंटी दी गई है?

श्री बालचन्द्रन : स्थूल रूप से संविधान में नागरिकों को छह मूल अधिकारों की रक्षा का आश्वासन दिया गया है, ये हैं। समानता, स्वतंत्राता, शोषण से मुक्ति, धर्म की स्वतंत्रता, संस्कृति एवं शिक्षा तथा संवैधानिक उपचारों संबंधी अधिकार। मूल अधिकारों की रक्षा के लिए नागरिकों के न्यायालय में जाने के इन अधिकारों को नागरिक का संवैधानिक उपचार प्राप्त करने का अधिकार (Right to Constitutional Remedies) कहा जाता है। मूल अधिकारों की रक्षा का दायित्च संसद ने उच्चतम न्यायालय तथा उच्च न्यायालय को सौंपा है।

पहला सदस्य: क्या समाज शास्त्र तथा नीतिशास्त्र में कोई सामंजस्य है यदि है तो क्या उसे आप स्पष्ट कर पायेंगे?

श्री बालचन्द्रनः नीति शास्त्र यह प्रतिपादित करता है कि समाज के लिए नैतिक क्या है तथा अनैतिक क्या है। उचित क्या है तथा अनुचित क्या है? क्योंकि ये विषय समाज से संबंध रखते हैं और समाज शास्त्र भी प्रकारांतर से इन विषयों से जुड़ा हुआ है। अतएव दोनों विषयों में काफी तालमेल है।

पहला सदस्य : क्या इनमें कोई असमानता भी है?

श्री बालचन्द्रन : जी हां, काफी कुछ समानता होने पर भी असमानता है। नीति शास्त्र कुछ नैतिक मानदण्डों के पालन में सामाजिक हित देखता है जबकि समाज शास्त्र ऐसे मानदण्डों की परीक्षा उनकी सामाजिक उपयोगिता की दृष्टि से करता है। नीतिशास्त्र नैतिक मूल्य खड़े कर देता है जबकि समाजशास्त्र उन मूल्यों को सामाजिक मूल्यों की कसौटी पर कसता है। नीतिशास्त्र नैतिक तथा अनैतिक आचरणों का मानदण्ड स्थापित करता है जबकि समाजशास्त्री ऐसे मानदण्डों को सामाजिक परिस्थितियों के परिप्रेक्ष्य में देखता है।

दूसरा सदस्य : भारत में बेकारी की समस्या बढ़ती जा रही है। आपकी राय में इसका निवारण किस प्रकार हो सकता है?

श्री बालचन्द्रन : मोटे रूप से भारत में बेकारी का सामना करने वाले लोगों को दो भागों में बांटा जा सकता है। (क) शिक्षित बेकार तथा अशिक्षित बेकार। शिक्षित बेकारों में भी दो स्थितियां हैं। (1) उच्च शिक्षा प्राप्त बेकार तथा सामान्य शिक्षित बेकार। जाहिर है कि इन सबकी अलग–अलग परिस्थितियां तथा इनका हल भी अलग–अलग है। यदि ग्रामीण उद्योगों का समुचित विकास होता तो शायद शहरों की ओर लोग कम भागते। अब तो आवश्यकता यह है कि अपने अल्प संसाधनों के बल पर कृषि तथा ग्रामीण उद्योगों का विकास किया जाए तथा जनसंख्या को हर तरह से बढ़ने से रोका जाए तभी बेकारी से लोहा लिया जा सकता है।

अध्यक्ष : बड़े–बड़े उद्योग लगाकर गरीबी का निवारण क्यों नहीं हो सकता?

श्री बालचन्द्रन : श्रीमान्, भारत एक विकासशील देश है। बड़े उद्योग यहां भी कुछ थोड़े से पूंजीपतियों के हाथ में सीमित हैं। पूंजीपति हमेशा अपना बड़ा हिस्सा (Lion's Share) चाहता है। नतीजा यह होता है कि मजदूरों की हालत में कोई उल्लेखनीय सुधार नहीं हो

पाता। ऐसी दशा में हमें गांधीजी के अनुसार ही ग्रामीण अर्थव्यवस्था में सुधार करना अधिक व्यावहारिक लगता है।

अध्यक्ष : अच्छा बालचन्द्रन जी, अब आप जा सकते हैं।

श्री बालचन्द्रन : धन्यवाद (कहकर कमरे से बाहर आ जाते हैं।)

---

**निष्कर्षः** कुल मिलाकर श्री बालचन्द्रन का यह साक्षात्कार अच्छा माना जाएगा। श्री बालचन्द्रन ने अपने ढंग से प्रश्नों का अच्छा उत्तर दिया है। भारतीय अर्थव्यवस्था के सुधार में उनका रुख गांधीवादी है। यह उनके उत्तरों से भली–भांति स्पष्ट हो जाता है। वास्तविकता भी यही है कि देश में गरीबी हटाने के लिए कुटीर उद्योगों और लघु उद्योगों का विकास करना नितान्त जरूरी है।

## 11. रेलवे विभाग में अधिकारी के लिए

कुमारी सारिका गुप्ता दिल्ली में रहती हैं उनकी शिक्षा-दीक्षा भी दिल्ली में हुई। लेडी श्रीराम कॉलेज से उन्होंने हिन्दी विषय लेकर एम॰ ए॰ किया है। शुरू से उन्होंने अच्छे अंक प्राप्त किए हैं। बी॰ ए॰ में उनके पास हिन्दी ऑनर्स विषय था। कुमारी सारिका का विचार रेलवे सेवा में जाने का है। पर्यटन में अभिरुचि रखनेवाली कुमारी सारिका हिन्दी पत्र-पत्रिकाएँ पढ़ने में भी अपनी काफी रुचि रखती हैं तथा उन्होंने कुछ कविताएं भी लिखी हैं। यहां प्रस्तुत हैं उनके साक्षात्कार के अंश।

कु॰ सारिका : क्या मैं अन्दर आ सकती हूं?

अध्यक्ष : आइए सारिका जी, बैठिए।

कु॰ सारिका : अभिवादन करती हैं, धन्यवाद कह कर बैठ जाती हैं।

अध्यक्ष : आप दिल्ली की रहने वाली हैं। क्या बता सकती हैं कि जहां पर कुतुबमीनार है, वहीं एक लोहे का स्तम्भ भी है, पहले यह सारा परिसर क्या था?

कु॰ सारिका : यह सारा परिसर पहले एक विष्णु मन्दिर था। कहा जाता है कि अलाउद्दीन खिलजी ने इस मन्दिर को तोड़वाकर मस्जिद बनवाया था जिसका नाम कुव्वते–इस्लाम रखा था। लोहे के स्तम्भ को गरुड़–स्तम्भ कहा जाता था। आज भी दीवारों पर लगी टूटी फूटी मूर्तियां उसके मन्दिर होने का साक्ष्य देती हैं।

अध्यक्ष : महाकवि सूरदास की प्रमुख कृतियों तथा उनके कथानकों के बारे में आप संक्षेप में बताइए।

कु॰ सारिका : मैं तुलसीदास के पश्चात् सूरदास जी को हिन्दी का सबसे बड़ा कवि मानती हूं। इनकी सबसे बड़ी कृति सूर–सागर है, सूर सारावली, नल दमयन्ती, दशम स्कंध आदि सहित सूर–विरचित 25 पुस्तकें बताई जाती हैं। इनमें से सूर–सारावली, साहित्य लहरी और सूर–सागर का विशेष महत्त्व है।

पहला सदस्य : मैथिलीशरण गुप्त को राष्ट्रकवि क्यों कहा जाता था।

कु० सारिका : गुप्त जी को राष्ट्रकवि मानने के पीछे केवल उनकी लोकप्रियता ही मुख्य कारण थी। सरकार की तरफ से इन्हें ऐसा कोई खिताब नहीं मिला था। गुप्त जी भारतीय संस्कृति एवं राम कथा के अर्वाचीन गायक थे, और अपने इसी गुण के कारण वे राष्ट्रकवि कहे जाने लगे।

पहला सदस्यः रामधारी सिंह दिनकर की किस कृति पर उन्हें ज्ञानपीठ पुरस्कार मिला था?

कु० सारिका : संभवतः उर्वशी पर।

पहला सदस्यः आप ठीक कहती हैं, दिनकर जी को 1972 में उर्वशी पर ज्ञानपीठ पुरस्कार मिला था।

दूसरा सदस्यः आप रेल सेवा में जाने की इच्छुक हैं। क्या आप बता सकेंगी कि भारतीय रेलों को कितने गेजों में बांटा गया है?

कु० सारिका : जी हाँ, भारतीय रेलों के तीन गेज हैं जिन्हें क्रमशः ब्रॉड गेज, मीटर गेज तथा नैरो गेज कहा जाता है। लगभग सभी मेन लाइनें ट्रंक रूट बड़ी लाइनों के हैं। मेन लाइनों को जोड़ने वाली सहायक लाइनें छोटी लाइनें हैं। पहाड़ी अथवा विषम क्षेत्रों में चलने वाली ट्रेनें नैरो लाइनें हैं। बड़ी लाइनों का प्रतिशत 52 है। कुछ ढोये जाने वाले माल का 87% इसी से ढोया जाता है तथा 78% यात्री इसी से सफर करते हैं।

दूसरा सदस्यः भारत में सबसे पहली रेल कहां से कहां तक और कब चली थी?

कु० सारिका : भारत में पहली रेल बम्बई और थाना के बीच 21 मील की लम्बाई में चलाई गई थी। यह 16 अप्रैल, 1853 को चली थी। यह भारत की ही नहीं वरन् एशिया की सबसे पहली रेल थी।

दूसरा सदस्यः आपका सबसे प्रिय कवि कौन–सा है और क्यों आप उसे पसन्द करती हैं?

कु० सारिका : मैं अपना सबसे प्रिय कवि तुलसीदास को मानती हूं। गीतावली, विनय पत्रिका सभी मुझे अच्छे लगते हैं। वे हमें समन्वयवादी,

समझौतावादी तथा भारतीय संस्कृति के महान् उद्गाता जान पड़ते हैं। इसीलिए उन्हें मैं अपना सर्वाधिक प्रिय कवि मानती हूं।

अध्यक्ष : सारिका जी, क्या आपको खेलों से रुचि है?

कु॰ सारिका : मुझे खेल खेलने में तो रुचि नहीं है किन्तु खेल देखने में मजा जरूर आता है। मैं क्रिकेट मैच देखने का प्रयत्न अवश्य करती हूं।

अध्यक्ष : भारत में कई राज्य अभी भी ऐसे हैं जहां रेलवे लाइन नहीं गई। क्या आप बता सकेंगी?

कु॰ सारिका : जी हाँ, अरुणाचल प्रदेश, मणिपुर, मेघालय, मिजोरम तथा सिक्किम में रेलवे लाइन नहीं है। इनके अलावा हमारे देश में 63 ऐसे जिले हैं जहाँ रेलवे लाइन नहीं है।

अध्यक्ष : अच्छा सारिका जी, अब आप जा सकती हैं।

(अभिवादन करके, कक्ष से बाहर आ जाती हैं।)

---

**निष्कर्ष:** कुमारी सारिका का यह साक्षात्कार काफी अच्छा बन पड़ा है। उन्होंने लगभग सभी उत्तर सही दिए। केवल ज्ञानपीठ पुरस्कार के बारे में उन्हें शंका थी किन्तु उन्होंने जो उत्तर दिया वह पूर्ण सही था। सारिका जी का यह साक्षात्कार काफी अच्छा रहा।

## 12. पुलिस विभाग में अधिकारी के लिए

श्री राजेन्द्र जोशी पंजाब के रहने वाले हैं। इनकी आरंभिक शिक्षा-दीक्षा अमृतसर में हुई। एम॰ए॰ राजनीति विज्ञान में इन्होंने दिल्ली से किया। आकर्षक व्यक्तित्त्व के धनी श्री जोशी महत्त्वाकांक्षी व्यक्ति हैं तथा भारतीय पुलिस सेवा में रहकर वे अपनी सेवाएं देश को समर्पित करना चाहते हैं। श्री जोशी के दूसरे शौक हैं, क्रिकेट खेलना तथा हिन्दी की पत्र-पत्रिकाएँ पढ़ना। अंग्रेजी साहित्य में भी इन्हें काफी रुचि है। इनके साक्षात्कार के कुछ अंश यहाँ दिए जाते हैं।

श्री जोशी  :  क्या मैं अन्दर आ सकता हूँ?

अध्यक्ष  :  आइए श्री जोशी, बैठिए। (एक बार सभी सदस्य उन्हें देखते हैं)

श्री जोशी  :  धन्यवाद श्रीमान् (बैठ जाते हैं)।

अध्यक्ष  :  आपने पुलिस सेवा में जाने का निश्चय क्यों किया?

श्री जोशी  :  मैं देखता हूं आजकल कानून और व्यवस्था की हालत बहुत अच्छी नहीं है। कश्मीर का हाल आप जानते ही हैं। ऐसी ही परिस्थितियां कुछ न कुछ अन्य सीमावर्ती राज्यों में हैं। यह सब देख समझकर मैंने निश्चय किया कि मुझे पुलिस विभाग में जाना चाहिए ताकि जहां तक संभव हो सके मैं शान्ति और सुव्यवस्था के क्षेत्र में कुछ कर सकूं।

अध्यक्ष  :  आपने जिस विषय में एम॰ ए॰ किया है, क्या उसका आपके भावी व्यवसाय से कुछ मेल बन पाएगा?

श्री जोशी  :  श्रीमान्! मेल बना है, राजनीति विज्ञान हमें शासन तंत्र का बोध कराता है। नागरिक के अधिकारों तथा कर्त्तव्यों का ज्ञान कराता है। अधिकारों का उपयोग किया जाए और कर्त्तव्यों की अवहेलना हो ऐसी अवस्था में पुलिस की भूमिका शुरू हो जाती है कि नागरिक अपने कर्त्तव्यों के प्रति भी जागरूक रहें।

पहला सदस्य :  दुनिया में बहुत तेजी से परिवर्तन हो रहे हैं। धर्म, जिसकी कभी प्रमुख भूमिका होती थी अब गौण पड़ता जा रहा है। ऐसी दशा

में भारत में जहां साम्प्रदायिकता का जहर काफी ज्यादा है और छोटी—छोटी बातों को लेकर धर्मोन्माद शुरू हो जाता है शान्ति और सुव्यवस्था को स्थायी कैसे बनाया जा सकता है?

श्री जोशी : मैं यह मानता हूं कि मनुष्य स्वभावतः एक शान्तिप्रिय जीव है और वह सह—अस्तित्त्व में विश्वास करता है किन्तु परिस्थितियां तथा स्वार्थ उसे पथभ्रष्ट करते हैं। ऐसी परिस्थितियों में उसे यदि कर्त्तव्य बोध करा दिया जाए तो सुधार की संभावनाएँ बढ़ जाती हैं तथा शान्ति और सुव्यवस्था से होने वाला खतरा टल सकता है।

पहला सदस्य : आपको क्रिकेट का खेल पसन्द है। भारतीय खिलाड़ी विश्व में बहुत अधिक चमक नहीं पाते। इसका क्या कोई राजनीतिक कारण भी हो सकता है?

श्री जोशी : हो सकता है, मैं इस बारे में ज्यादा कुछ कहना नहीं चाहता। मेरे विचार से समुन्नत देशों में खिलाड़ियों को जो सुविधाएं प्राप्त हैं वे भारतीय खिलाड़ियों को प्राप्त नहीं हैं। इसके अलावा कुछ देशों में खिलाड़ियों को बकायदा प्रशिक्षण दिया जाता है तथा गुणों के आधार पर उन्हें विश्व स्तर पर खेलने के लिए भेजा जाता है।

दूसरा सदस्य : आप हिन्दी की पत्र—पत्रिकाएँ पढ़ते हैं? क्या आप यह बताएँगे कि आपको सबसे ज्यादा कौन—सी पत्रिका पसंद है, और क्यों?

श्री जोशी : मैं ज्यादातर इंडिया टुडे पढ़ता हूं, किन्तु मुझे सबसे अधिक कादम्बिनी पसन्द है। कारण यह है कि इंडिया टुडे मुझे हर सप्ताह मिल जाती है जब कि कादम्बिनी मिलते ही मैं और पत्रिकाएं छोड़ देता हूँ। इसमें काफी सामग्री समेकित मिल जाती है, कानूनी भी। इसके अलावा इसका आकार काफी सोच समझकर तय किया गया है। बड़ी हैंडी आकार की पत्रिका है।

दूसरा सदस्य : अंग्रेजी का क्या कोई विशेष लेखक या कथाकार आपको प्रिय है?

श्री जोशी : जी नहीं, अंग्रेजी के प्रचलित लेखक या कथाकार ही मुझे प्रिय हैं। खास कर मैं जासूसी उपन्यासों को पसन्द करता हूं। एडगर एलन पो मुझे प्रिय हैं।

अध्यक्ष : अच्छा जोशीजी, अब आप जा सकते हैं।

(श्री जोशी धन्यवाद देते हैं, अभिवादन करते हैं, सभी सदस्य फिर उन्हें एक बार देखते हैं, वे बाहर आ जाते हैं।)

---

**निष्कर्ष:** श्री जोशी जी का व्यक्तित्व आकर्षक है, ऐसा प्रतीत होता है कि पुलिस सेवा में शामिल होने की उनकी रुचि में उनका व्यक्तित्व सहायक सिद्ध होगा। अपनी बात उन्होंने बिना झिझक के कही। जो आता है उसे निःसंकोच होकर व्यक्त किया तथा जो नहीं आता उसके लिए विनम्रता–पूर्वक 'ना' कह दिया। यह स्पष्टवादिता तथा चिन्तन की निश्चिन्तता शायद उनके लिए हितकर सिद्ध होगी।

## 13. हिन्दी अधिकारी के लिए

श्री प्रेमचन्द शर्मा का जन्म लखनऊ में हुआ था। वहीं रहकर उन्होंने अध्ययन किया तथा लखनऊ विश्वविद्यालय में एम॰ए॰ ( हिन्दी ) में स्नातकोत्तर उपाधि प्राप्त की। श्री प्रेमचन्द का हिन्दी के प्रति सहज अनुराग रहा है। बी॰ए॰ में अंग्रेजी में अच्छे अंक प्राप्त करने के बावजूद भी उन्होंने हिन्दी में एम. ए. किया और प्रथम श्रेणी प्राप्त की। सम्प्रति आप उत्तर प्रदेश के एक ब्लॉक में खण्ड विकास अधिकारी हैं तथा हिन्दी अधिकारी के साक्षात्कार हेतु नई दिल्ली आए हैं।

श्री प्रेमचन्द्र शर्मा : नमस्कार!

अध्यक्ष : नमस्कार! आइए शर्माजी, बैठिए।

श्री शर्मा : धन्यवाद, श्रीमान् (बैठते हैं)।

अध्यक्ष : आपको हिन्दी का कौन–सा कवि सबसे अधिक प्रिय लगता है, और क्यों?

श्री शर्मा : मैं सबसे अधिक गोस्वामी तुलसीदास को अपना श्रेष्ठ कवि मानता हूं क्योंकि उनकी कविता ही जन–जन तक पहुँचने में सफल रही है।

अध्यक्ष : गोस्वामी तुलसीदास को ब्राह्मणों का समर्थक, शूद्रों तथा नारियों के प्रति अनुदार बताया जाता है। क्या इस बारे में आप कुछ कहना चाहेंगे?

श्री शर्मा : किसी कवि और उसकी कविता का मूल्यांकन देश, काल और परिस्थितियों से असम्पृक्त होकर नहीं करना चाहिए। तुलसीदास ने जो कुछ लिखा है वह परिस्थिति सापेक्ष है। तुलसी साहित्य का जो लोग गम्भीर अध्ययन नहीं करते वे तुलसी की आत्मा को नहीं समझ सकते। दो–चार चौपाइयों को आधार बनाकर तुलसी के विषय में कोई निर्णय लेना महाकवि के प्रति अन्याय है। वस्तुतः तुलसीदास राष्ट्रवादी, महान् चिन्तक और युगान्तरकारी महाकवि थे।

अध्यक्ष : रामचरितमानस के पश्चात् उनकी दूसरी सर्वोत्कृष्ट रचना किसे मानते हैं?

श्री शर्मा : निश्चय ही विनय पत्रिका को।

पहला सदस्य : शर्माजी, हिन्दी को संविधान के किस अनुच्छेद के अनुसार राजभाषा का पद दिया गया है?

श्री शर्मा : भारत के संविधान के अनुच्छेद 343 में यह व्यवस्था दी गई है कि "संघ की सरकारी कामकाज की भाषा देवनागरी लिपि में लिखी हिन्दी हो।"

दूसरा सदस्य : राजभाषा नियम कब और क्यों बनाए गए थे?

श्री शर्मा : सन् 1976 में ये नियम भारत के राजपत्र भाग II खण्ड–3 [उप खण्ड (I)] में प्रकाशित हुए थे तथा इनके बनाने का उद्देश्य था कि केन्द्र के सरकारी काम–काज को हिन्दी में करने की गति को तेज किया जाए तथा पत्र व्यवहार शत–प्रतिशत हिन्दी में ही करने के लिए जोर दिया जाए।

दूसरा सदस्य : क्या इन नियमों के बन जाने से केन्द्र का सरकारी काम–काज हिन्दी में होने लगा है?

श्री शर्मा : मेरे विचार से शायद नहीं। वस्तुस्थिति का पता तो पद पर नियुक्त होने के बाद ही चल पाएगा।

सभी सदस्य : मुस्कराने लगते हैं।

अध्यक्ष : आप प्रखण्ड विकास अधिकारी हैं। इस पद पर रहकर आपने कौन–सा उल्लेखनीय कार्य किया है?

श्री शर्मा : महोदय, खण्ड विकास अधिकारी कुछ ग्राम सभाओं के विकास को दिशा देता है जिसमें कृषि, शिक्षा, स्वास्थ्य और सफाई का विशेष महत्त्व होता है। मैंने प्रत्येक गाँव में ऐसे स्थानों पर पीने के पानी की व्यवस्था कराई है जहां जलस्तर नीचा होने के कारण गाँव वालों को पानी की समस्या का सामना करना पड़ता था। इसके अलावा बारिश के दिनों में गाँव की महिलाओं के

लिए मैंने कुछ शौचालय भी बनवाए हैं जिनकी अधिकारियों तथा ग्रामवासियों ने काफी प्रशंसा की है।

अध्यक्ष : ठीक है, शर्मा जी, अब आप जा सकते हैं।

(धन्यवाद देकर बाहर आ जाते हैं।)

---

**निष्कर्ष:** श्री शर्मा ग्रामीण परिवेश के अधिकारी हैं। हिन्दी अधिकारी के पद के साक्षात्कार में उनके द्वारा दिए गए उत्तर काफी सटीक तथा अच्छे रहे किन्तु उनका अन्तिम उत्तर बहुत अच्छा नहीं रहा। खण्ड विकास अधिकारी के रूप में वे अन्य उपयोगी कार्यों का निष्पादन करने का उल्लेख करते तो अच्छा रहता। यह साक्षात्कार मध्यम श्रेणी का कहा जाएगा। उनकी सफलता के आसार दिखाई–देते हैं।

# 14. न्यायिक अधिकारी (Judicial Magistrate) के लिए

अभ्यर्थी : श्री अविनाश कुमार एक प्रतिभावान छात्र हैं। इनका छात्र जीवन काफी उज्ज्वल रहा है। इन्होंने पटना कॉलेज पटना से बी. ए. अर्थशास्त्र (प्रतिष्ठा) की डिग्री प्राप्त करने के पश्चात् प्रतिष्ठित लखनऊ विश्वविद्यालय के विधि महाविद्यालय में विधि स्नातक परीक्षा पास की है। सभी परीक्षाओं में इन्हें उच्च अंक प्राप्त हुए हैं। इनकी अर्थशास्त्र में भी अभिरुचि रही है। स्नातक स्तर तक इतिहास भी इनका प्रिय विषय रहा है। क्रिकेट खेलना, दीन छात्रों एवं वयस्कों को पढ़ाना इनकी अभिरूचि में शामिल है। श्री कुमार विश्वास करते हैं कि लक्ष्य की प्राप्ति के लिए सतत् प्रयास, धैर्य एवं आत्मविश्वास का होना बहुत आवश्यक है। आज के प्रतिस्पर्द्धात्मक युग में धैर्य की ही परीक्षा होती है।

लखनऊ विश्वविद्यालय में विधि स्नातक संकाय में नामांकन के पश्चात् ही श्री कुमार नौकरी प्राप्त करने की दिशा में प्रयासरत हुए। इन्हें कई सफलताएं मिलीं। श्री कुमार अध्ययन के प्रति गंभीर रहे हैं। दृढ़ निश्चय इनकी प्रकृति है। सच ही कहा गया है कि सफलता के लिए प्रारब्ध से कहीं अधिक परिश्रम का महत्व है। परिश्रम व्यर्थ नहीं जाता। गहन परिश्रम के उपरांत उन्होंने न्यायिक अधिकारी की लिखित परीक्षा पास की। अध्ययनशील अविनाश साक्षात्कार की तैयारी में समर्पित रहे। समाचारपत्र और पत्रिकाओं का नियमित अध्ययन किया। वांछित सफलता की आशा में साक्षात्कार के लिए निर्धारित स्थल पर नियत समय से पूर्व ही पहुँच गए।

श्री कुमार बगैर तड़क-भड़क वाले लेकिन आकर्षक पोशाक से सुसज्जित होकर साक्षात्कार-कक्ष से संबद्ध प्रतीक्षा कक्ष में बैठकर अपनी बारी का इंतजार कर रहे थे। उत्सुकता का भाव उनके चेहरे से स्पष्ट दृष्टिगोचर था। प्रतीक्षा का पल समाप्त हुआ। उनका नाम पुकारा गया। आत्मविश्वास से भरे कदमों के साथ वे साक्षात्कार-कक्ष की ओर अग्रसर हुए।

साक्षात्कार : साक्षात्कार मंडल में अध्यक्ष के अतिरिक्त तीन अन्य सदस्य हैं।
मंडल  अध्यक्ष एक प्रतिष्ठित बैंक के प्रबंध निदेशक हैं और लब्ध प्रतिष्ठित विद्वान एवं कुशल प्रशासक हैं। सदस्यगण भी अपने–अपने कार्य क्षेत्र के एक ख्यात हस्ताक्षर हैं।

| अविनाश | : | May I come in, Sir? |
|---|---|---|

(दरवाजा धीरे से खोलकर अविनाश ने अध्यक्ष से प्रवेश की अनुमति मांगी।)

| अध्यक्ष | : | Yes, come in. |
|---|---|---|
| अविनाश | : | Good morning to all of you, sir! |
| अध्यक्ष | : | Good morning, please take your seat. |
| अविनाश | : | Thank you, sir. |

(अविनाश ने निर्धारित कुर्सी पर स्थान ग्रहण किया एवं वह गंभीर व शांत चित होकर भावी प्रश्नों के प्रति सचेष्ट रहे।)

| अध्यक्ष | : | मि. अविनाश, आपने अर्थशास्त्र विषय में स्नातक किया है एवं अच्छे प्राप्तांक पाये हैं। यह एक अच्छी बात है। हमलोग प्रश्न करें, इससे पहले आप हमें अपनी पारिवारिक पृष्ठभूमि से अवगत करायें। |
|---|---|---|
| अविनाश | : | महाशय, मैं पिछड़ी जाति के एक सामान्य परिवार का सदस्य हूँ। मेरे पिताजी एक साधारण कृषक हैं। कृषि ही हमारे परिवार के भरण–पोषण का मुख्य साधन है। मेरी मां एक कुशल गृहिणी हैं। हमारी एक बहन है जो पटना विश्वविद्यालय में अध्ययन कर रही है। |
| अध्यक्ष | : | आपने LLB किया है। क्या आपको वकालत करने की भी इच्छा है? |
| अविनाश | : | महाशय, इस प्रतियोगी युग में कॉरियर को लेकर अनिश्चितता बनी रहती है। थोड़ी असावधानी से बेरोजगारी का अभिशाप झेलना पड़ सकता है। अतः विपरीत परिस्थिति में मैं उच्च न्यायालय में वकालत करना पसंद करूंगा। हालांकि परिश्रम में मेरी आस्था है। मुझे विश्वास है कि कठिन परिश्रम व्यर्थ नहीं जाएगा। |
| अध्यक्ष | : | आज के समाचार पत्रों में विशेष समाचार क्या थे? |
| अविनाश | : | आज के समाचार पत्रों में भारत और यूएई से परमाणु एवं रक्षा समझौता महत्वपूर्ण था। प्रधानमंत्री नरेन्द्र मोदी एवं संयुक्त अरब अमीरात (यूएई) के बीच परमाणु ऊर्जा, तेल, रक्षा, आईटी, वायुक्षेत्र और रेलवे सहित कई क्षेत्रों से जुड़े कई समझौतों पर हस्ताक्षर किए। |

अध्यक्ष : मुख्य चुनाव आयुक्त कौन हैं?

अविनाश : श्री एस.वाई. कुरैशी।

अध्यक्ष : उत्तर प्रदेश में विधानसभा की कितनी सीटें हैं?

अविनाश : महाशय, 403।

अध्यक्ष : अच्छा तो आप यह बताइए कि कर्फ्यू क्या होता है?

अविनाश : सर, कर्फ्यू एक प्रशासनिक आदेश है। इसके अंतर्गत एक क्षेत्र–विशेष के निवासियों को अपने घर के अंदर रहने तथा उस क्षेत्र के बाहर रहनेवाले लोगों को उस क्षेत्र में प्रवेश न करने का आदेश दिया जाता है।

अध्यक्ष : कर्फ्यू किस धारा के अंतर्गत लगाया जाता है?

अविनाश : सर, दंड प्रक्रिया संहिता की धारा 144 के अंतर्गत कर्फ्यू लगाया जाता है।

पहला सदस्य : धारा 144 क्या है? यह कब लगायी जाती है?

अविनाश : सर, धारा 144 शांति–व्यवस्था को भंग किए जानेवाले आकस्मिक और अत्यावश्यक मामलों के निवारण के उद्देश्य से लगायी जाती है।

पहला सदस्य : क्या इस धारा के अंतर्गत शांति व्यवस्था को खतरा पैदा करनेवाले किसी व्यक्ति को जिले में प्रवेश करने से रोका जाता है?

अविनाश : नहीं सर, धारा 144 में इसके लिए प्रावधान नहीं है। किन्तु, गुंडा ऐक्ट में इसके लिए कार्यवाही का प्रावधान है, जो जिला मजिस्ट्रेट द्वारा की जाती है।

दूसरा सदस्य : धारा 144 के लिए सामान्यतः किस शब्दावली का प्रयोग होता है।

अविनाश : सर, सामान्यतः इसके लिए ‘निषेधाज्ञा’ शब्द का प्रयोग किया जाता है।

दूसरा सदस्य : एक ओर तो वह व्यक्ति है जिसके साथ अपराध हुआ है और दूसरी ओर समाज है। अपराध का आरोपी भी व्यक्ति है। क्या होना चाहिए जबकि न्याय में देरी होती है?

अविनाश : सर, न्याय में देरी न्याय न मिलने के बराबर ही होती है। पीड़ित व्यक्ति और अपराध के आरोपी व्यक्ति दोनों को ही न्याय में देरी से परेशानी होती है। अत:, न्याय समय से मिले और पीड़ित को आर्थिक मदद भी दिलवायीं जाए।

दूसरा सदस्य : मिस्टर कुमार, कल हम टी.वी. देख रहे थे, उसमें सत्र न्यायाधीश ने एक अभियुक्त को फाँसी की सजा सुनायी और उसे अगले ही दिन फाँसी पर लटका दिया गया। क्या यह सही था?

अविनाश : नहीं सर, यह ठीक नहीं था; क्योंकि दंड प्रक्रिया संहिता की धारा 28 में स्पष्ट प्रावधान है कि यदि सत्र न्यायाधीश फाँसी की सजा सुनाते हैं तो उसकी पुष्टि उच्च न्यायालय द्वारा की जानी आवश्यक है। इसलिए बिना उच्च न्यायालय की पुष्टि के फाँसी की सजा सुनाया जाना (बल्कि फाँसी दिया जाना) उचित नहीं था।

दूसरा सदस्य : पुलिस बड़े–बड़े अपराधियों का इनकाउण्टर कर देती है? क्या यह उचित है?

अविनाश : सर, यह सामाजिक दृष्टि से भले ही उचित हो किन्तु कानूनी दृष्टि से सर्वथा गलत है। संविधान के अनुच्छेद (21) में मूल अधिकार प्राण एवं दैहिक स्वतंत्रता का उल्लंघन होगा।

दूसरा सदस्य : संस्वीकृति कितने प्रकार की होती है?

अविनाश : सर, संस्वीकृति दो प्रकार की होती है–(1) न्यायिक संस्वीकृति (Judicial Confession) (2) न्यायिकेतर संस्वीकृति (Non-Judicial Confession)।

दूसरा सदस्य : पुलिस अभिरक्षा में संस्वीकृति कब ग्राह्य होती है?

अविनाश : सर, पुलिस अभिरक्षा में संस्वीकृति दो स्थितियों में ग्राह्य होती है। पहली स्थिति वह है जब अभियुक्त ने मजिस्ट्रेट की साक्षात उपस्थिति में संस्वीकृति की हो, जैसा भारतीय साक्ष्य अधिनियम की धारा 26 में वर्णित है। दूसरी स्थिति साक्ष्य अधिनियम की धारा 27 में वर्णित है, जब अभियुक्त अभिरक्षा (Custody) में है और उससे किसी तथ्य का पता चलता है तब उतनी ही बातें ग्राह्य हैं जितने से तथ्य का पता चला है।

दूसरा सदस्य : आप इनके उदाहरण बताइए।

अविनाश : सर, धारा 26 के अनुसार यदि कोई अभियुक्त पुलिस की अभिरक्षा (Police Custody) में है, किन्तु वह मजिस्ट्रेट के समक्ष स्वेच्छा से संस्वीकृति करता है, तो वह ग्राह्य है। दूसरी स्थिति में धारा 27 के अनुसार अभियुक्त ने इस चाकू से हत्या की है उस चाकू को पुलिस अभिरक्षा में रहते हुए अभियुक्त की निशानदेही पर बरामद करना।

अध्यक्ष : अविनाश, सेंसेक्स क्या है? इसमें उतार–चढ़ाव किस प्रकार होता है?

अविनाश : महाशय, सेंसेक्स (Sensex) बम्बई स्टॉक एक्सचेंज (BSE) का एक शेयर मूल्य सूचकांक है, यह सूचकांक (1978–79) को आधार मानकर तैयार किया जाता है, इस सूचकांक में बम्बई स्टॉक एक्सचेंज (BSE) में क्रय–विक्रय की जाने वाली विशिष्ट समूह की 30 प्रतिभूतियों को आधार माना जाता है। गणना के लिए भारित सूचकांक विधि प्रयोग में ली जाती है तथा भार बाजार पूँजीकरण के अनुसार दिया जाता है, इस सूचकांक में पूंजी की मात्रा को अत्यधिक महत्व दिया जाता है। इस कारण यह अत्यधिक संवेदनशील सूचकांक है। इस सूचकांक से बाजार की प्रकृति का ज्ञान प्राप्त होता है। स्कन्ध बाजार के सटोरियों द्वारा सूचकांक का अत्यधिक प्रयोग किया जाता है।

तीसरा सदस्य : मि. अविनाश, राष्ट्रीय जनसंख्या आयोग का गठन कब तथा क्यों किया गया?

अविनाश : महाशय, नई जनसंख्या नीति के कार्यान्वयन पर निगरानी रखने व उसकी समीक्षा के लिए 11 मई 2000 को प्रधानमंत्री की अध्यक्षता में 'राष्ट्रीय जनसंख्या आयोग' का गठन किया गया था। 19 मई, 2005 को इस आयोग का पुनर्गठन किया गया। यह आयोग अभी तक योजना आयोग के अधीन रहा था, किन्तु आगे से इसे स्वास्थ्य मंत्रालय के अधीन रखा गया है।

तीसरा सदस्य : राजकोषीय कर्षण क्या है?

अविनाश : राजकोषीय कर्षण (Fiscal Drag) से आशय उस बढ़े हुए कर भार से है, जो कर की दरों में बिना किसी परिवर्तन किए हुए मुद्रा स्फीति के फलस्वरूप उत्पन्न हो जाता है। इस स्थिति में बढ़ी हुई मजदूरी तथा वेतन के कारण व्यक्ति ऊँचे कर स्लैव में पहुँच जाता है।

तीसरा सदस्य : अनन्य आर्थिक क्षेत्र क्या है?

अविनाश : संयुक्त राष्ट्र की समुद्री संधि के अनुसार, किसी देश के अनन्य आर्थिक क्षेत्र (Exclusive Economic Zone–EEZ) से तात्पर्य उसकी समुद्री सीमा से समुद्री तट का वह क्षेत्रफल है जिसके सभी संसाधनों पर उस देश का एकाधिकार होता है तथा इस क्षेत्र के भीतर वह देश उन संसाधनों का दोहन करने के लिए स्वतंत्र है। भारत के समुद्री तट से 200 नॉटिकल मील दूरी तक विस्तृत 20.2 लाख वर्ग किमी का समुद्री क्षेत्र भारत का 'एक्सक्लूसिव इकॉनोमिक जोन (EEZ)' है।

पहला सदस्य : मुद्रा अवस्फीति (संकुचन) क्या है?

अविनाश : महाशय, सामान्यतया मुद्रा अवस्फीति मुद्रा स्फीति की विपरीत स्थिति होती है, उसमें मूल्य स्तर में गिरावट के लक्षण दिखाई देते हैं, परंतु मूल्य में प्रत्येक गिरावट सदैव मुद्रा अवस्फीति होगी, ऐसा नहीं है, क्राउथर के अनुसार, मुद्रा अवस्फीति वह स्थिति है जब मुद्रा का मूल्य बढ़ रहा हो तथा मूल्य स्तर घट रहा हो, यदि मौद्रिक आय की तुलना में वास्तविक वस्तुओं का उत्पादन अधिक हो जाए, तो बाजार में एक समय के दौरान अधिक वस्तुएं बिकने के लिए आ जाती है, जिससे वस्तुओं का भाव तेजी से गिरने लगता है, इस स्थिति को ही मुद्रा अवस्फीति कहा जाता है।

अध्यक्ष : स्टेगफलेशन (Stagflation) क्या है?

अविनाश : महाशय, स्टेगफलेशन तात्पर्य है स्फीति युक्त गति हीनता। स्टेगफलेशन एक ऐसी विरोधाभासी स्थिति है जिसमें अर्थव्यवस्था में मुद्रास्फीति के साथ–साथ गतिहीनता भी विद्यमान रहती है।

इस स्थिति में अर्थव्यवस्था के कुछ क्षेत्रों में एक और ऊँचे मूल्य तथा अधिपूर्ण रोजगार की स्थिति दृष्टिगोचर होती है, तो दूसरी और क्षेत्रों में गतिहीनता की स्थिति अर्थात् औद्योगिक तथा कृषि उत्पादन में कमी, अत्यधिक मात्रा में बेरोजगारी इत्यादि दृष्टिगोचर होती है।

अध्यक्ष : मि. कुमार अब आप जा सकते हैं?

अविनाश : Thank you, sir.

---

**निष्कर्ष:** अविनाश ने बोर्ड के अध्यक्ष एवं अन्य सदस्यों का अभिवादन किया एवं साक्षात्कार कक्ष से बाहर आया। अविनाश का साक्षात्कार 25–30 मिनट तक चला। उनसे विविध क्षेत्रों से प्रश्न पूछे गए। अविनाश ने ध्यानपूर्वक प्रश्नों को सुना एवं गंभीरता से उत्तर दिया। कुछ ऐसे भी प्रश्न पूछे गए जो अविनाश के लिए अपरिचित थे। तथापि अविनाश ने हिम्मत नहीं हारी, धैर्य नहीं खोया। अविनाश ने साक्षात्कार के दौरान शिष्टाचार एवं शालीनता बखूबी निभायी। उन्होंने बोर्ड का विश्वास जीतने का भरसक प्रयास किया। उनकी सफलता सुनिश्चित प्रतीत होती है।

---

## 15. शिक्षा अधिकारी के लिए

श्री सुमितप्रसाद जैन युवा ग्रेजुएट हैं। उन्होंने बी॰ एड॰ आगरा से तथा ग्रेजुएशन दिल्ली से किया है। व्यवसायी परिवार के श्री जैन को शिक्षक बनना अच्छा लगता है। उनके विचार से यह एक भद्र तथा सुसंस्कृत कार्य है जो जीवन भर व्यक्ति को कुछ सीखने तथा सिखाने के लिए प्रेरित करता रहता है। शिक्षा अधिकारी के कार्यालय में हुए श्री जैन के साक्षात्कार के अंश सामान्य जानकारी के लिए दिए जा रहे हैं।

श्री जैन : क्या मैं अन्दर आ सकता हूं?

शिक्षा अधिकारी: आइए, श्री जैन।

श्री जैन : अभिवादन करते हैं तथा निर्धारित आसन पर बैठ जाते हैं।

शिक्षा अधिकारी: बी॰ ए॰ में आपके विषय क्या–क्या थे?

श्री जैन : अंग्रेजी, हिन्दी, राजनीतिशास्त्र तथा अर्थशास्त्र।

शिक्षा अधिकारी: इन चारों में आपको किस विषय में ज्यादा रुचि थी?

श्री जैन : अर्थशास्त्र में।

शिक्षा अधिकारी: क्यों?

श्री जैन : मैं समझता हूं कि अर्थशास्त्र एक ऐसा विषय है जो हमें दैनिक जीवन में अर्थ के महत्त्व को बताता है तथा जीवन को आर्थिक संकटों से बचाने के लिए सही दिशा निर्देश देता है।

शिक्षा अधिकारी: आप अर्थशास्त्र की कोई ग्राह्य परिभाषा बता सकते हैं?

श्री जैन : अर्थशास्त्र, सामाजिक, वास्तविक और सामान्य मनुष्य की आर्थिक क्रियाओं का अध्ययन है।

पहला सदस्य : आपने राजनीति शास्त्र का अध्ययन भी किया है। कृपया बताइए राजनीति का जीवन में क्या महत्त्व है?

श्री जैन : राजनीति शास्त्र जिसे विज्ञान भी माना जाता है आज के मानव जीवन के लिए नितान्त उपयोगी है। अपने अधिकारों तथा

कर्त्तव्यों के ज्ञान के अलावा यह शासन प्रणाली के संरचनात्मक ढांचे के साथ–साथ विधायिनी शक्तियों आदि का भी ज्ञान कराता है। सबसे बड़ी बात यह है कि मतदान तथा नागरिक भावना का बोध भी हमें राजनीति शास्त्र के पठन–पाठन से ही होता है।

पहला सदस्य : साहित्य लहरी मध्यकाल में किस कवि ने लिखा था?

श्री जैन : मुझे ठीक पता नहीं।

पहला सदस्य : हिन्दी साहित्य में रीतिकालीन श्रेष्ठ कवि के कितने भाई थे तथा वे किस राजा के राज कवि थे?

श्री जैन : कविवर भूषण जो शिवाजी के राजकवि थे उनके दो भाई और थे।

दूसरा सदस्य : क्या आप उनके भी नाम जानते हैं?

श्री जैन : जी हां! एक का नाम कविवर चिन्तामणि तथा दूसरे भाई का नाम मतिराम था। ये दोनों भी रीतिकालीन श्रेष्ठ कवि थे।

दूसरा सदस्य : क्या आप बता सकते हैं कि मतिराम ने कितने ग्रंथ लिखे थे तथा उनमें से सबसे अधिक ख्याति किस ग्रंथ को प्राप्त हुई?

श्री जैन : मुझे इस बारे में ठीक ज्ञात नहीं है।

शिक्षा अधिकारी: हिन्दी की वर्तनी में कुछ समय पूर्व कुछ सुधार किए गए थे। क्या आप बता सकते हैं कि वे सुधार किस–किस अक्षर के बारे में किए गए थे।

श्री जैन : मुझे इस बारे में पूरी तरह तो ज्ञात नहीं है किन्तु यह पता है कि 'रव' का परिष्कृत रूप 'ख' है, 'भ्र' का 'झ' तथा 'राा' का 'ण' है। 'ध' को अब 'ध' लिखा जाता है। तथा 'भ' का 'भ' है। टाइप को सुविधाजनक बनाने के लिए संयुक्ताक्षरों के लिखने की प्रक्रिया भी बदली गई है, जैसे विद्वान को विद्वान, पद्धति को अब पद्धति लिखा जाने लगा है।

शिक्षा अधिकारी: हिन्दी वर्णमाला की उपादेयता के बारे में अपने विचार बताइए।

श्री जैन : श्रीमान्, हिन्दी वर्णमाला सर्वाधिक वैज्ञानिक वर्णमाला है। इस वर्णमाला में जो कुछ लिखा जाता है वही पढ़ा जाता है। लिखने तथा पढ़ने दोनों में हिन्दी वर्णमाला विश्व में अपना अप्रतिम स्थान रखती है। आधुनिक हिन्दी वर्णमाला के कुछ अक्षरों के लिखने और पढ़ने की दृष्टि से सुग्राह्य बनाने के लिए, रूप परिवर्त्तन किए गए हैं। जैसे, पुराने 'द्य'–द्य आदि।

शिक्षा अधिकारी: अच्छा, श्री जैन अब आप जा सकते हैं।

(अभिवादन करते हैं तथा कमरे से बाहर आ जाते हैं।)

**निष्कर्ष:** श्री जैन का इंटरव्यू सामान्य प्रकार का है। उन्होंने कुछ प्रश्नों का उत्तर प्रायः सही और तत्परता से दिया है, लेकिन कुछ प्रश्नों के उत्तर उन्हें ज्ञात नहीं हैं। अतः उनका साक्षात्कार, बोर्ड को अत्यधिक प्रभावित नहीं कर सका।

✩ ✩ ✩